U0100286

大展好書　好書大展

品嘗好書　冠群可期

大展好書　好書大展

品嘗好書　冠群可期

彩色圖解
太極武術
17

綜合48式太極拳

+VCD

竺玉明
王大中
高敏
編著

大展出版社有限公司

國家圖書館出版品預行編目資料

綜合48式太極拳+VCD / 竺玉明、王大中、高敏 編著
—初版—臺北市：大展 ， 2005【民94】
面 ； 21公分 — (彩色圖解太極武術；17)
ISBN 957-468-378-8 (平裝；附影音光碟)
1. 太極拳

528.972 94004077

綜合48式太極拳＋VCD ISBN 957-468-378-8

編 著 者 / 竺玉明、王大中、高敏
責任編輯 / 佟 暉
發 行 人 / 蔡森明
出 版 者 / 大展出版社有限公司
社 址 / 台北市北投區（石牌）致遠一路2段12巷1號
電 話 / （02）28236031・28236033・28233123
傳 真 / （02）28272069
郵政劃撥 / 01669551
網 址 / www.dah-jaan.com.tw
E-mail / service@dah-jaan.com.tw
登 記 證 / 局版臺業字第2171號
承 印 者 / 弼聖彩色印刷有限公司
裝 訂 / 建鑫印刷裝訂有限公司
排 版 者 / 順基國際有限公司
初版1刷 / 2005年（民94年）5月

定價 / 350元

綜合48式太極拳

太極拳運動以它獨特的魅力，優美的動作，簡單易學的特點以及明顯的健身效果，被越來越多的人們喜愛和接受。隨著簡化太極拳的普及與發展，提高的問題勢在必行。本套48式太極拳正是為了滿足廣大國內有識之士的需求應運而生。

48式太極拳是在繼承與發展傳統太極拳特點的同時，本著提高與普及的理念，取其精華，更加體現了動作柔和，圓活飽滿，虛實分明，連綿不斷的運動特點及心靜體鬆、柔中寓剛的基本要求，展現了它的優美、舒展及帶來人們健身強體的無窮享受。

48式太極拳具有以下幾個顯著特點：

一、易於開展，普及性強

太極拳運動是一項具有很高健身價值的鍛鍊方法。它的拳式及動作好學易懂，不受場地及其它不良因素的影響和干擾。適合各個年齡層次，從事任何職業的人員均可參加練習，即刻受益，且趣味性強，能提高鍛鍊情緒和參與意識。太極拳對場地和器械的要求也十分簡單，不需要太多的物質和經濟投入，這些都是此項運動易於開展和普及的得天獨厚的優越條件，是單位和個人在健身運動項目中的首選。

二、健身強體，醫療作用

太極拳運動在實踐中不斷的改進和完善，具有寶貴的醫療價值和保健作用。各國的科技工作者也對太極拳健身進行了系統的科學研究，結果表明，太極拳的健身方法符合現代科學原理，具有很高的健身價值，是一項治病強身，增強體魄，延年益壽的體育運動。對於一些弱勢群體更為適宜。運動量較大的項目及對抗項目，體力消耗大，且具有一定的運動風險，限制了部分急於健身人群的參與。而太極拳則動作較慢，剛柔相濟，它的種種特點能適合各種不同人群的需要。它能夠運用有效的動作來活動全身肌肉，運用深長呼吸來調節心臟的機能活動和促進血液的流通。同時用意識引導動作，使人能排除雜念，專心一意，在心態極其平和的情況下進行鍛鍊，對整個神經系統產生良好的作用，以自身的機能來預防和治療疾病，增進健康。太極拳是一種適合生理的健身運動，它對中樞神經系統起著良好的影響，能加強血液循環，改善消化系統和新陳代謝過程，幾乎適應各種人體慢性疾病的康復，是一種老少咸宜的養生保健運動。

三、內容充實，動作全面

此套路共有48個姿勢動作，綜合了以前所有太極拳動作中的精華部分。其中包括拳、掌、勾3種手型；弓步、仆步、虛步、歇步、丁步、半馬步、獨立步、開立步、橫檔步等9種步型。分腳、蹬腳、拍腳、擺蓮腳4種腿法以及其它多種手法和步法，這些動作既體現了太極拳的主要內容，又減少了以前重複動作，增加了動作數量和技術風格，運動量也相應提高。在拳路風格和內容編排上都有了一定的發展，能夠更加全面地鍛鍊身體，為它的普及提高與發展提供了有利條件。

四、動作優美，陶冶情操

太極拳的形象是積極健康的。揭示的是人類健康、自強、積極、進取的主題，它所萌發的文化魅力感染著世界各種不同文化背景的人們，得到各國人的喜愛。在第11屆亞運會開幕式上，1400名中日運動員的太極拳表演引起了億萬人民的注目與關注。它那如行雲流水、柔和緩慢、開合有序、虛實分明、剛柔並濟的優美展現，動人心魄。激起了人們廣泛關注和積極參與意識，它的優美展現不同於其它任何形式的體育項目，能使人陶冶情操，提高品味，在給您帶來欣賞樂趣的同時又能給予無窮的享受和造福。

綜合 48 式太極拳動作名稱

第一段
(一) 白鶴亮翅
(二) 左摟膝拗步
(三) 左單鞭
(四) 左琵琶勢
(五) 捋擠勢（三）
(六) 左搬攔捶
(七) 左掤捋擠按

第二段
(八) 斜身靠
(九) 肘底捶
(十) 倒捲肱（四）
(十一) 轉身推掌（四）
(十二) 右琵琶勢
(十三) 摟膝栽捶

第三段
(十四) 白蛇吐信（二）
(十五) 拍腳伏虎（二）
(十六) 左撇身捶
(十七) 穿拳下勢
(十八) 獨立撐掌（二）
(十九) 右單鞭

第四段
(二十) 右雲手（三）
(二十一) 右左分鬃
(二十二) 高探馬
(二十三) 右蹬腳
(二十四) 雙峰貫耳
(二十五) 左蹬腳
(二十六) 掩手撩拳
(二十七) 海底針
(二十八) 閃通背

第五段
(二十九) 右左分腳
(三十) 摟膝拗步（二）
(三十一) 上步擒打
(三十二) 如封似閉
(三十三) 左雲手（三）
(三十四) 右撇身捶
(三十五) 左右穿梭
(三十六) 退步穿掌

第六段
(三十七) 虛步壓掌
(三十八) 獨立托掌
(三十九) 馬步靠
(四十) 轉身大捋
(四十一) 撩掌下勢
(四十二) 上步七星
(四十三) 獨立跨虎
(四十四) 轉身擺蓮
(四十五) 彎弓射虎
(四十六) 右搬攔捶
(四十七) 右掤捋擠按
(四十八) 十字手
收 勢

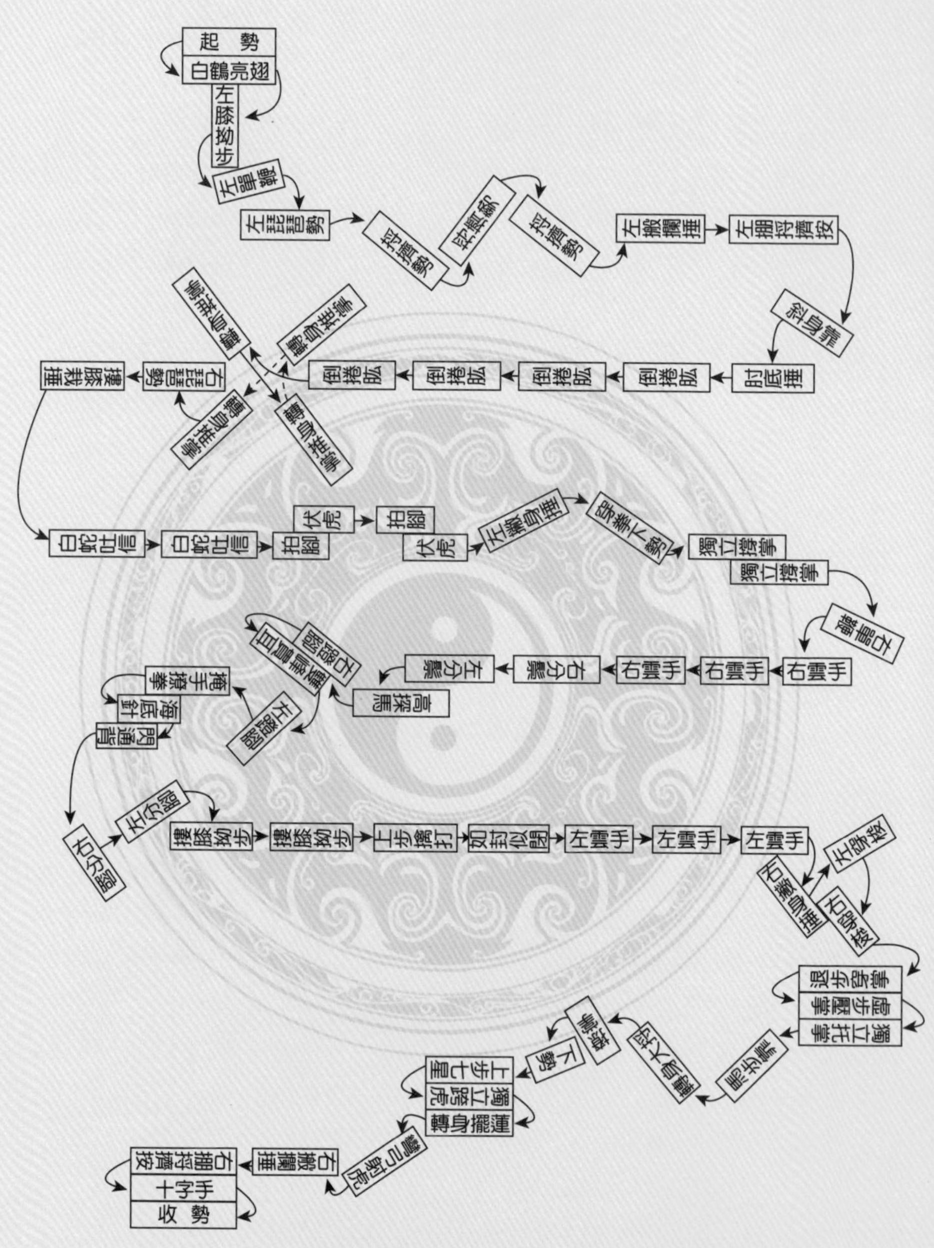

48 式太極拳動作路線示意圖

起 勢

（1） 身體自然直立，兩腳併攏，頭頸正直，下頦內收，胸腹放鬆，肩臂鬆垂，兩手輕貼在大腿外側；精神集中，眼向前平視；呼吸保持自然。（圖1）

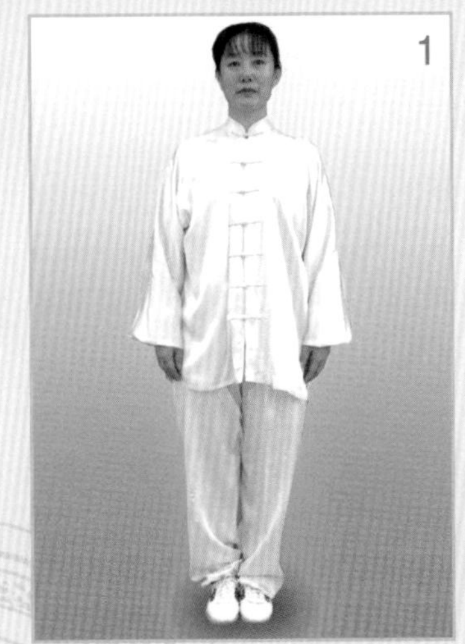

（2） 左腳向左輕輕分開半步，與肩同寬，腳尖向前。（圖2）

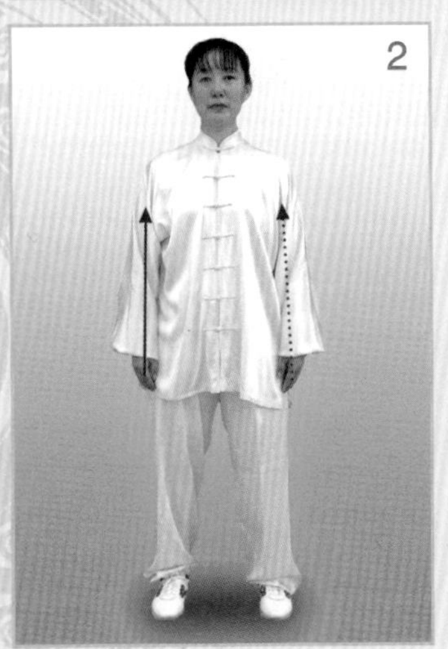

（3） 兩手慢慢向前平舉，手指微屈，手心向下，舉至與肩同高，兩臂距離約同肩寬，肘微下垂。（圖3）

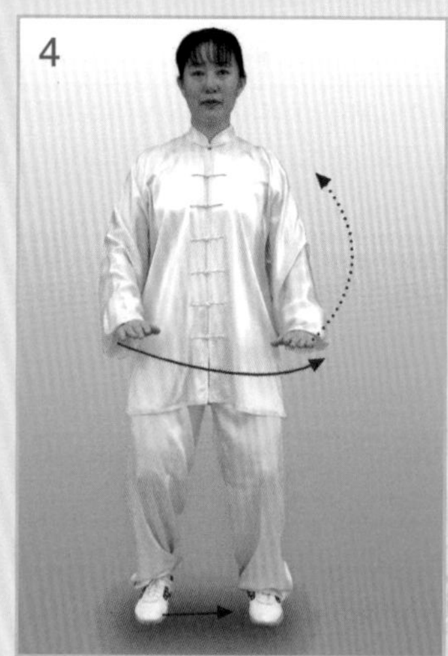

（4） 上體保持正直，兩腿緩慢屈膝半蹲；兩掌輕輕下按，落至腹前，掌心向下，掌膝相對。（圖4、4附）

【要點】

1.在起勢時，要注意呼吸自然，周身放鬆。

2.提腳開步時，要保持身體的正中，精神要集中。

第一段

1.白鶴亮翅

（1） 上體微左轉，身體重心移至左腿；左掌微上提，左臂屈收在左胸前，右掌經腹前向左劃弧，兩掌左上右下，掌心相對，在左胸前成「抱球」狀；同時右腳提起並內收。眼看左掌前方。（圖5）

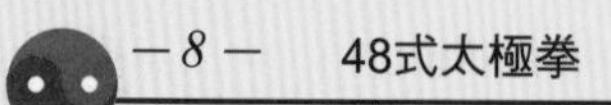

（2）右腳向右後方撤半步，重心後移；腰隨之右轉；右掌自左下方向右上方劃弧，左掌經右肩前向下劃弧。眼看右掌。（圖6）

（3）上體微左轉，面向前方；兩掌繼續向不同方向劃弧，左掌按於左胯旁，掌心向下，指尖向前，右掌提至額前右上方，掌心向內，兩臂皆保持弧形；同時左腳稍向內移，腳前掌著地，膝部微屈，成左虛步。眼向前平視。（圖7）

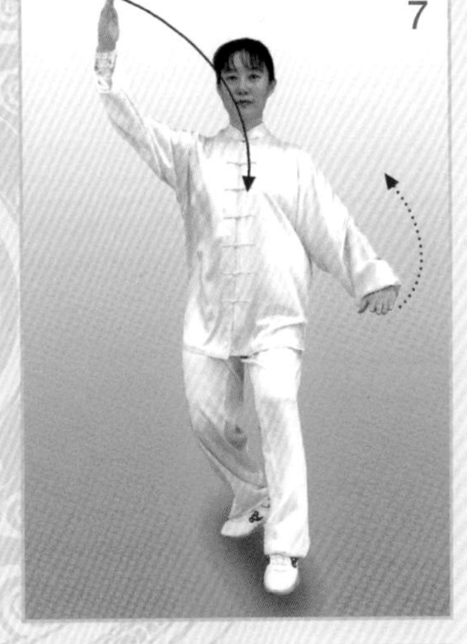

【要點】

兩臂上下要保持半圓形，胸部不要前挺，左膝注意微屈。

2.左摟膝拗（ào音奧）步

（1）上體微向左轉，右掌經體前劃弧下落，右掌經體側劃弧上舉。（圖8）

（2） 上體向右轉；右掌經下向右後上方劃弧至與耳同高，掌心斜向上，左掌同時經面前向右下劃弧至右胸前，掌心斜向下；左腳同時收至右腳內側。眼看右掌。（圖9）

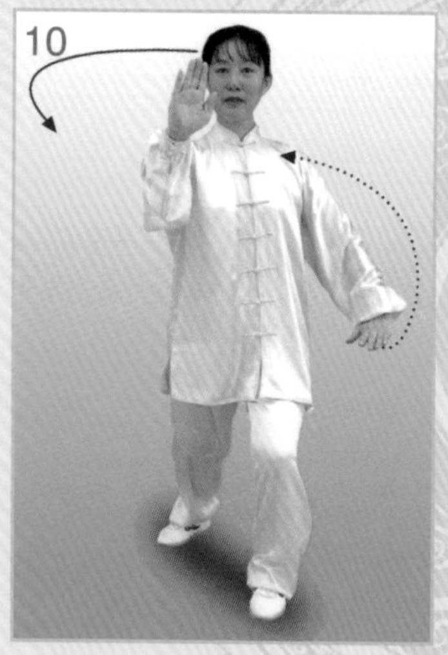

（3） 上體微左轉，左腳向前（偏左）邁出一步（兩腳橫向距離約30公分），身體重心前移，左腿屈弓，右腿自然蹬直成左弓步；同時，右掌屈收經耳側向前推出，指尖高與鼻平，掌心向前，左掌向左下經左膝前摟過，按於左胯旁，掌心向下，指尖向前；上體正直，鬆腰、鬆胯。眼看右掌。（圖10）

【要點】

1.推掌時須沉肩垂肘、坐腕舒掌。

2.上體不可前俯後傾，弓步兩腳不要前後踩在一條線上。

3.弓步、摟掌與推掌要協調一致，兩腳跟的橫向距離約30公分。

3.左單鞭

（1） 上體後坐，重心移向右腿，左腳尖翹起，並稍內扣，上體隨之右轉；右臂隨轉體後帶，掌心向下，左掌自左下方經體側向體前劃弧，高與肩平，掌心斜向下；頭隨體轉，眼看前方。（圖11）

（2） 左腳落實，身體重心移至左腿，右腳收至左腳內側；同時左前臂微回收，右臂外旋，右掌心朝上，從左肘下方向左前方穿出。（圖12）

（3） 右腳向右前方（假設面向南起勢，此勢應向西。下同。）邁出一步（兩腳橫向距離約10公分），重心前移成右弓步；同時左掌附於右腕內側（掌心同側），兩掌同時自左向前劃半個半圓，右掌心斜向內，左掌心斜向外；上體轉向正前方，鬆腰、鬆胯。眼看前掌。（圖13）

（4） 上勢不停，上體後坐，右腳上翹；右掌自前向右、向後屈肘再劃半個平圓，掌心向上，左掌仍附於右腕內側，隨右前臂劃平圓。眼看右掌。（圖14）

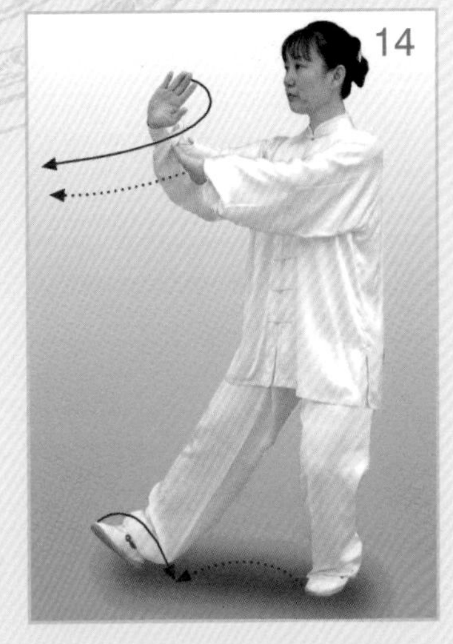

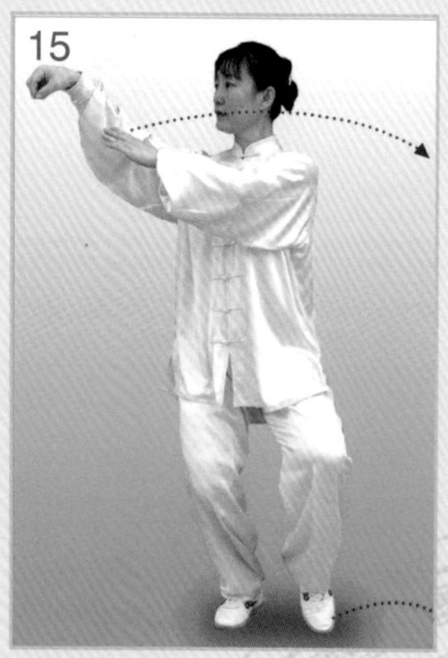

（5） 右腳內扣落實，上體微左轉，重心移於右腿，左腳隨之收於右腳內側；同時右前臂在右肩前內旋後劃弧前伸，右掌隨之前按，至右前方時變勾手，左掌亦隨右掌一起翻轉（前臂外旋），收停在右肘內側，掌心向內。眼看右手。（圖15）

（6） 上體微左轉，左腳向左前方（正東稍偏北）邁出一步，重心前移成左弓步；同時上體繼續左轉，左前臂內旋，左掌慢慢向前推出，掌心朝前，指尖高與鼻平，左手左腳上下相對。眼看左掌。（圖16）

【要點】

1.上體保持正直，兩肩要沉，推掌時配合轉腰邊翻邊推。

2.跟步轉換重心時，身體不要有起伏。

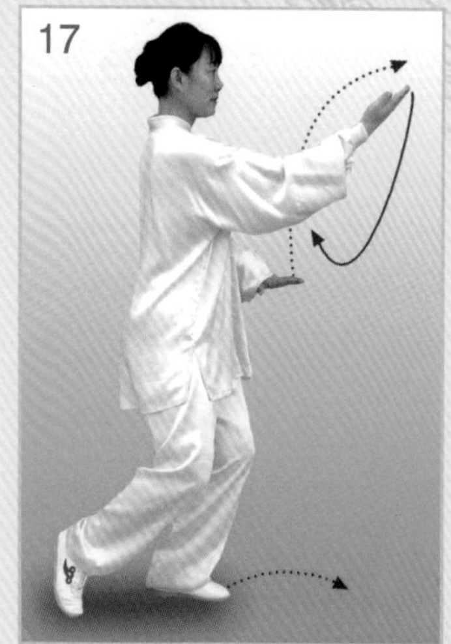

4.左琵琶勢

（1） 腰部鬆縮，微向左轉，右腳提起跟進半步，腳前掌著地，落在左腳後面；同時左掌向內向下劃弧至左胯前，右勾手變掌隨腰的轉動向內向前平擺至體前，掌心斜向上。眼看前方。（圖17）

（2）重心後移，右腳落實，左腳稍向前上步，腳跟著地，膝微屈，成左虛步；同時右掌隨腰部微右轉，屈肘回帶，掌心轉向下，左掌向外向前上方劃弧挑舉，然後兩臂鬆沉合勁，左掌成側立掌停於面前，指尖與眉心相對，右掌也成側掌，屈臂合於胸前，掌心與左肘相對。眼看左掌。（圖18）

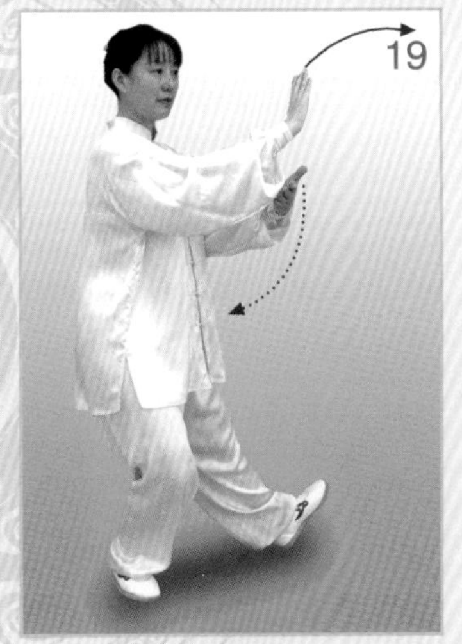

【要點】

1.身體要平穩自然，臀部不要外凸，沉肩垂肘，胸部放鬆。

2.左掌上挑時不要直線向上，要由左向前上方微帶弧形。

3.右腳跟進時，腳掌先著地，然後再全腳掌著地。

5.捋（lǚ音呂）擠勢（三）

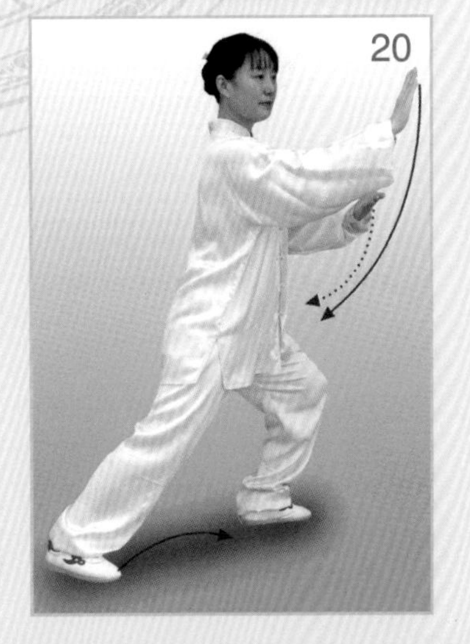

（1）左腳稍向左外挪動，然後全腳落實，重心前移成左弓步，上體稍右轉；右掌自左前臂上穿出，由左向右前方劃弧平抹，掌心斜向下，左掌微外旋（掌心斜向上）並向後劃弧，收至右肘內側下方。眼看右掌。（圖19、20）

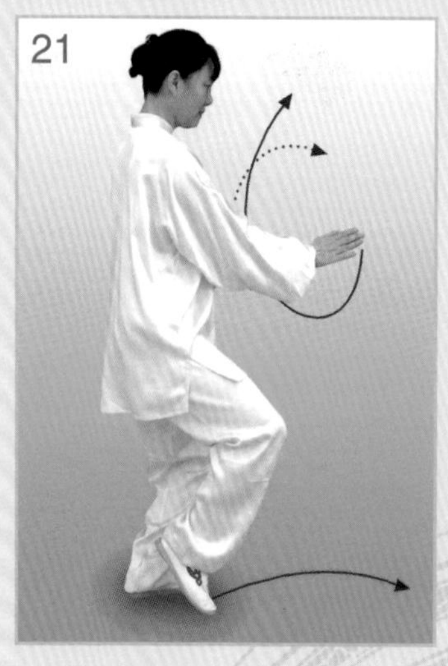

（2） 兩掌自前向下捋，左掌捋至左胯外側，右掌捋至腹前；同時右腳收於左腳內側。眼看右前方。（圖21）

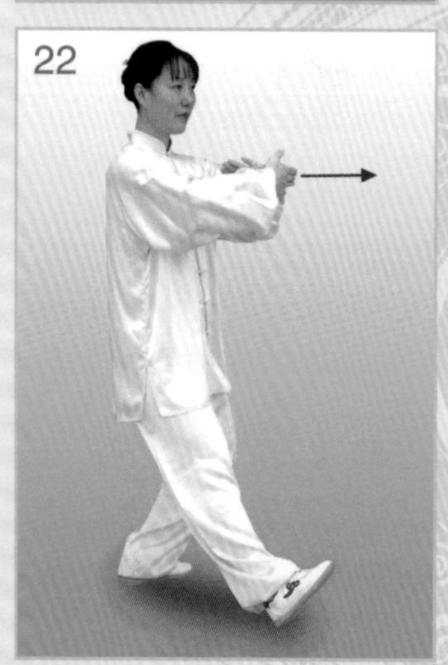

（3） 右腳向右前方（東南）邁出一步，腳跟著地；同時兩前臂旋轉（左臂內旋，右臂外旋），兩掌翻轉屈臂上舉，掌心相對，收於胸前；頭隨身體自然轉動。（圖22）

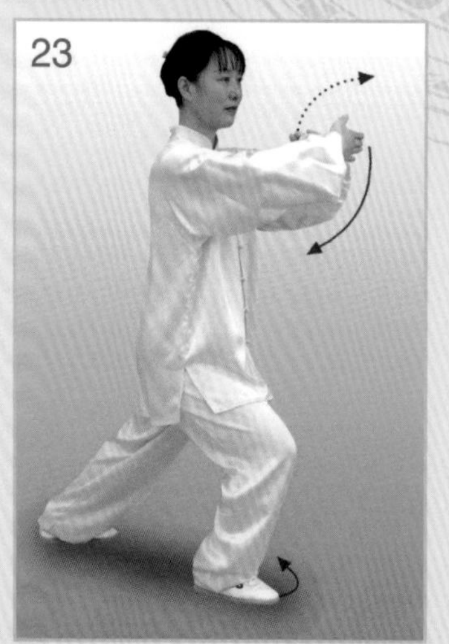

（4） 右腳落實，重心前移成右弓步；兩臂同時向前擠出，兩臂撐圓，左掌指貼近右腕，左掌心向外，指尖斜向上，右掌心向內，指尖向左，高與肩平。眼看右腕，成右捋擠式。（圖23）

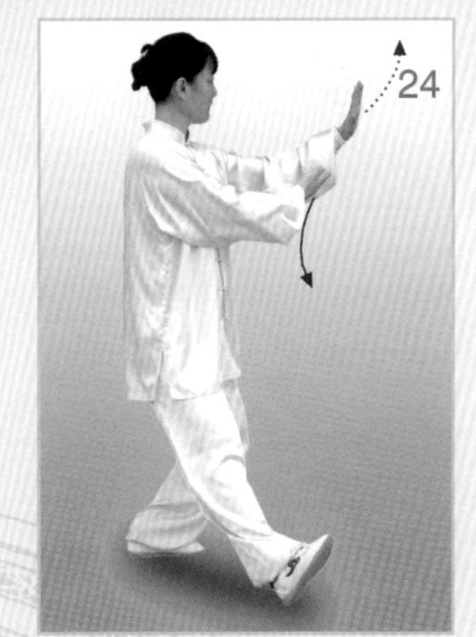

（5） 重心後移，右腳尖翹起微內扣，再落地成右弓步；同時上體左轉，左掌自右前臂上方穿出，向左前方劃弧平抹，右掌微向後劃弧，收至左肘內側下方。眼看左掌。（圖24、25）

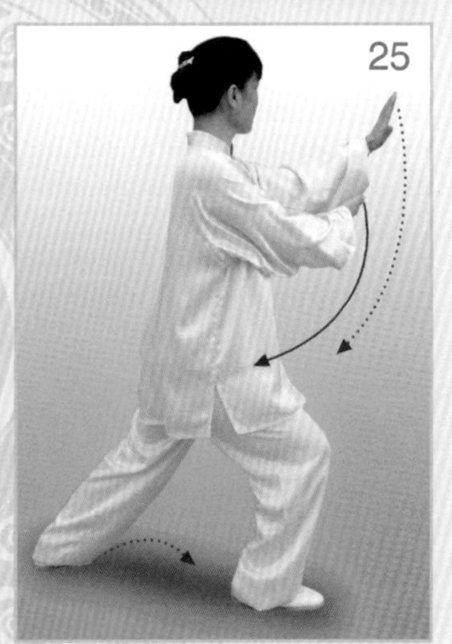

（6） 左捋擠勢動作同前右捋擠勢，唯左右相反，方向為東北。（圖26～28）

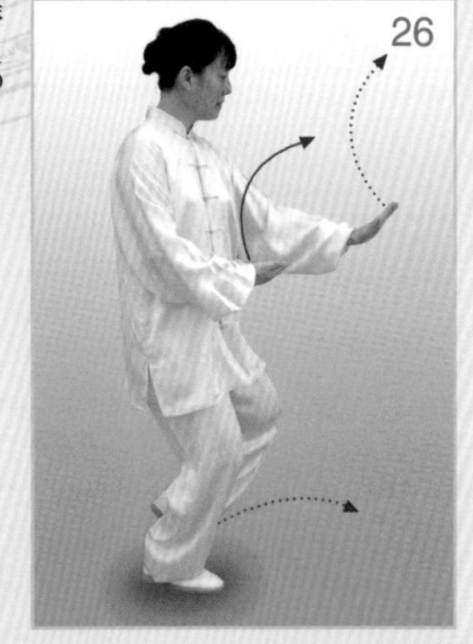

（7） 右捋擠勢動作同前右捋擠勢。（圖29～33）

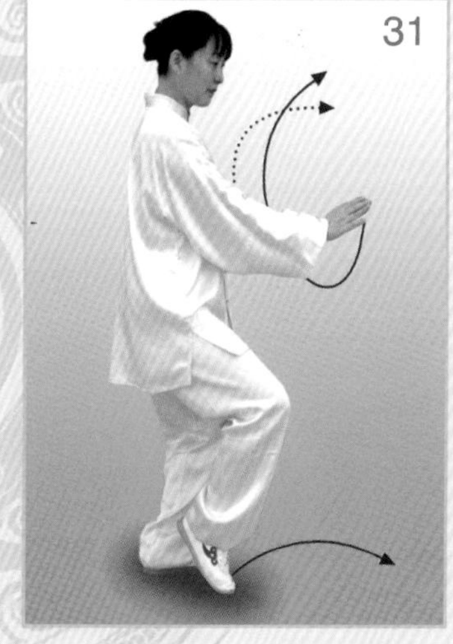

【要點】

1.下捋變擠時，兩腳在體前邊翻轉邊上提。

2.下捋與收腳，前捋與弓腿要協調一致。

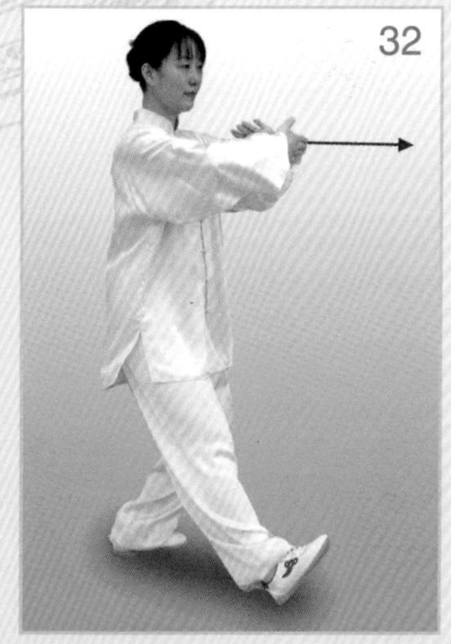

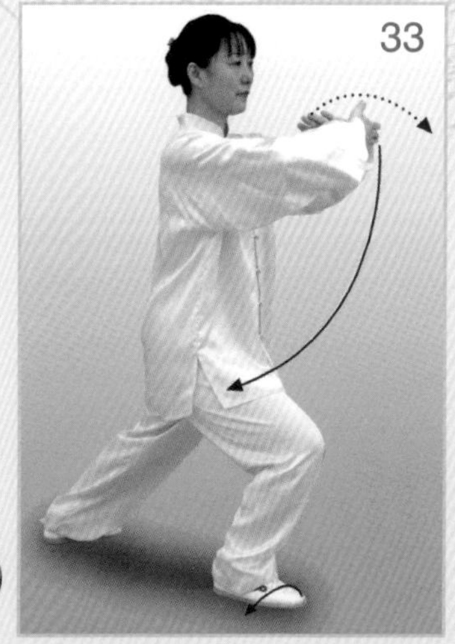

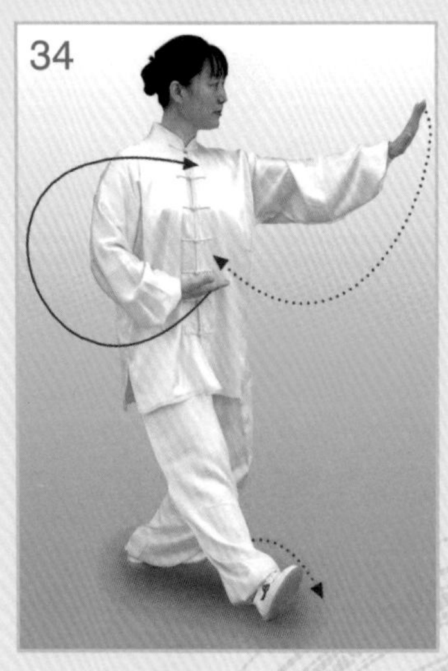

6.左搬攔捶

（1） 重心後移，右腳尖外展，上體右轉；左掌向左前（正東）伸展，掌心斜向下，右掌同時向下劃弧，掌心朝上。（圖34）

（2） 重心前移，左腳收於右腳內側；右掌經下向右後劃弧，再向上捲收，停於體前，掌心向下，高與肩平，左掌變拳向下、向右劃弧收於右胸前，拳心向下。眼向前平視。（圖35）

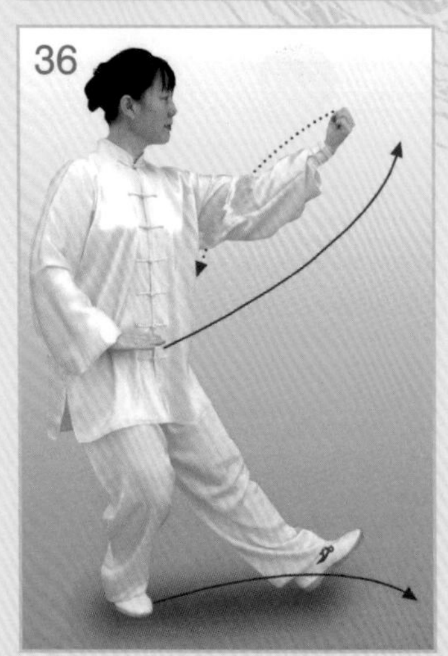

（3） 左腳向前墊步，腳跟著地，腳尖外撇；左拳隨之向前（正東）搬出，拳心翻向上，高與胸平，右掌經左前臂外側順勢按至右胯旁。眼看左拳。（圖36）

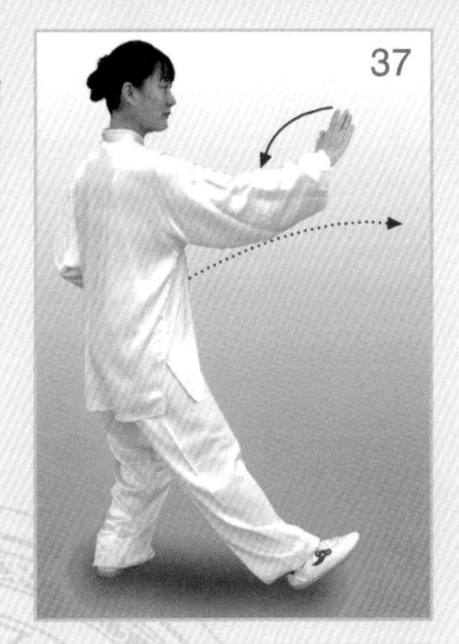

（4） 重心前移，左腳落實，右腳經左腳內側收提上步，腰向左轉；左拳向左劃弧收於左腰間，拳心向上，右掌經體右側劃弧向前攔出，高與胸齊，掌心向前下方。眼看右掌。（圖37）

（5） 重心前移成右弓步；左拳由腰際向前打出，拳眼向上，高與胸齊，右掌同時收於左前臂內側。眼看左拳。（圖38）

【要點】

1.左前臂先內旋劃弧，然後再外旋收於腰旁。

2.右掌攔擊時，右前臂先外旋，然後在內旋攔於體前。

3.弓步時，兩腳跟的橫向距離約10公分。

7.左掤捋擠按

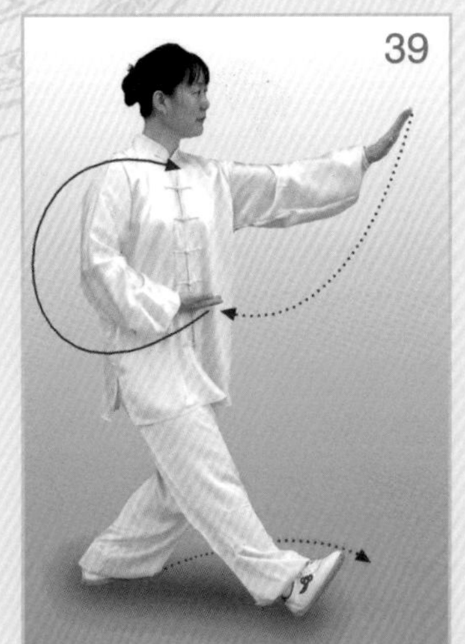

（1） 上體後坐，右腳尖外展，腰向右轉；右前臂外旋，右掌向下劃弧，掌心向上，左拳變掌，前臂內旋並前伸，掌心轉向下。（圖39）

（2） 右腳落實，重心前移，左腳收於右腳內側；同時左掌由前向下劃弧至腰前，右掌自下向後、向上劃弧收捲至胸前，兩掌成「抱球」狀。（圖40）

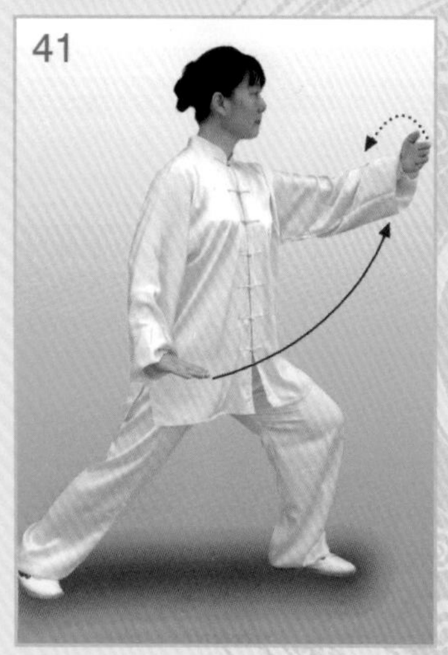

（3） 上體微左轉，左腳向前邁出一步，重心前移，右腿後蹬，腳跟後展，成左弓步；同時左前臂向前掤出（即左臂呈弧形，用前臂外側向前上方架出），高與肩平，掌心向內；右掌向下按於右胯旁。眼看左前臂。（圖41）

（4） 腰微向左轉，左掌前伸並翻掌，掌心向下，右前臂外旋，掌心轉向上，經腹前向上、向前伸至左前臂下方。（圖42）

（5） 上體右轉，兩掌下捋並經腹前向右後上方劃弧，右掌心斜向上，高與肩平，左掌心斜向後，左前臂平屈於胸前；同時上體後坐，右腿屈膝，重心偏於右腿。眼看右掌。（圖43）

（6） 上體左轉，面向前方，重心前移成左弓步；右臂屈肘，右掌捲收，掌指向前搭近左腕，雙手同時慢慢向前擠出，高與肩平，左掌心向內，右掌心向前，兩臂保持半圓形。眼看左腕。（圖44）

（7） 右掌經左腕上方伸出，兩掌左右分開，與肩同寬，掌心向下；隨即上體後坐，重心移至右腿，左腳尖翹起；兩臂屈肘，兩掌收至胸前，掌心向前下方。眼平看前方。（圖45）

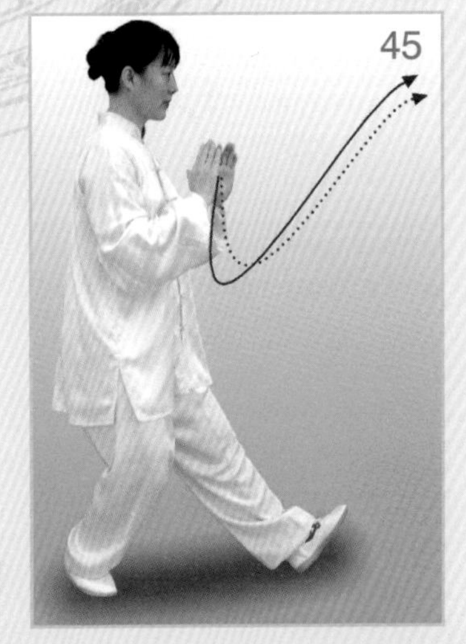

（8） 左腿前弓成左弓步；兩掌落下經腹前向前、向上按出，腕高與肩平。鬆腰鬆胯，沉肩墜肘，塌腕舒掌。眼平視前方。（圖46）

【要點】

1.掤擊時，兩肩要沉，兩臂均應保持弧形。

2.下捋時，重心後移，屈膝、鬆腰。

3.擠、按時，要鬆腰、沉胯、斂臀，上體要正直，不可前俯後仰。

第二段

8.斜身靠

（1） 重心移向右腿，左腳尖內扣，身體右轉；右掌由左向右劃弧至身體右側。左掌對稱地分舉在身體左側，兩肘微屈，掌心向前。眼看右掌。（圖47）

（2） 身體重心移於左腿，右腳收於左腳內側；同時右掌向下、向左劃弧收至體前，高與肩平，左掌同時收至體前，與右掌腕部交搭，抱成斜十字形（右掌在外），掌心都轉向內。眼看前方。（圖48）

（3） 上體微右轉，右腳向右前方（正西偏北約30°）邁出，腳跟著地；同時兩手握拳，前臂微內旋。眼看前方。（圖49）

（4） 重心前移，左腳自然蹬直（腳跟隨之後展），成右弓步；同時兩拳分別向左下和右上撐開，右拳停於右額角前，拳心斜向外，左拳下撐於左胯旁，拳心斜向身後。上體斜向西南。眼看左前方。（圖50）

【要點】

弓步上體要中直，肩、臂微向外撐，沉肩、鬆胯。

9.肘底捶

（1） 重心左移，右腳尖隨之翹起並內扣；上體左轉；右拳變掌，前臂外旋，掌心向上並向內掩裹劃弧，左拳同時變掌，左掌向左向內劃弧。眼看右掌。（圖51）

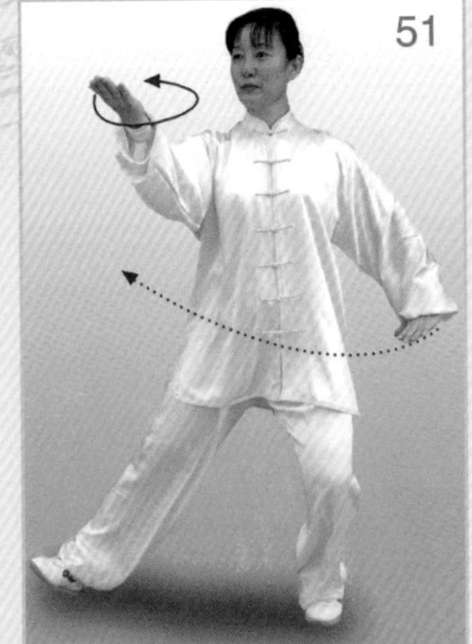

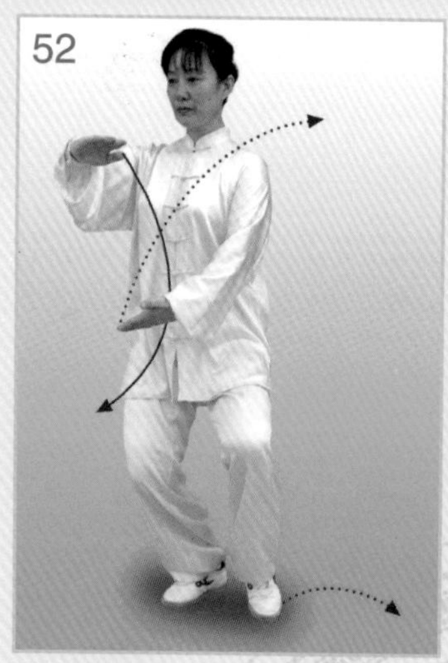

（2）重心右移，左腳收至右腳內側；右掌翻轉並屈收在右胸前，掌心向下，左前臂外旋，左掌掌心翻轉向上，並經腹前向右劃弧，與右掌相對成「抱球」狀（右上左下）。眼看右掌。（圖52）

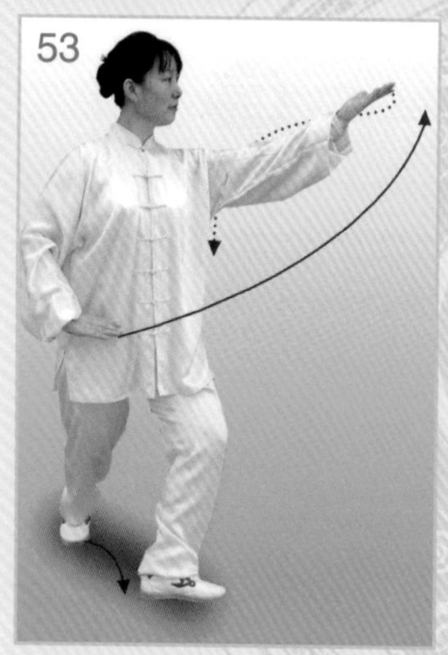

（3）上體左轉，左腳向左前方擺腳墊步，腳跟著地，腳尖外撇；左掌經右前臂下方向左上方劃弧，掌心向裏，高與鼻齊，右掌經左胸前劃弧下落至右胯旁。眼看左掌。（圖53）

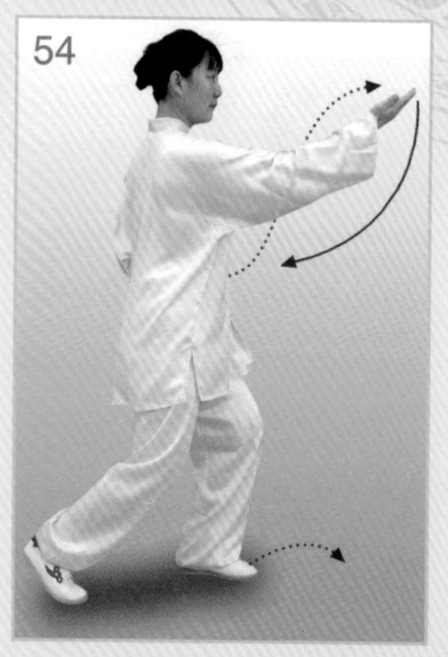

（4）上體繼續左轉，左腳落實，身體重心前移至左腿，右腳跟進半步，腳前掌著地落在左腳後面；左前臂內旋，左掌向左、向下劃弧至體側，掌心向下，右掌向右、向前劃弧至體前，掌心斜向上，高與鼻平。面向正東，眼看前方。（圖54）

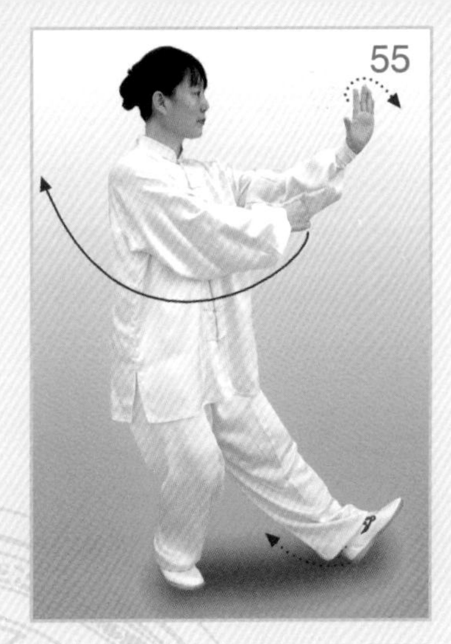

（5） 重心後移，右腳落實，左腳向前微移，腳跟著地成左虛步；左掌經腰際從右腕上向前穿出成側立掌，掌心向右，指尖與眉心相對。同時右掌變拳回收，置於左肘內側下方，拳眼向上。眼看左掌。（圖55）

【要點】

整個動作要連貫，上體要保持舒展。沉肩、垂肘。

10.倒捲肱（四）

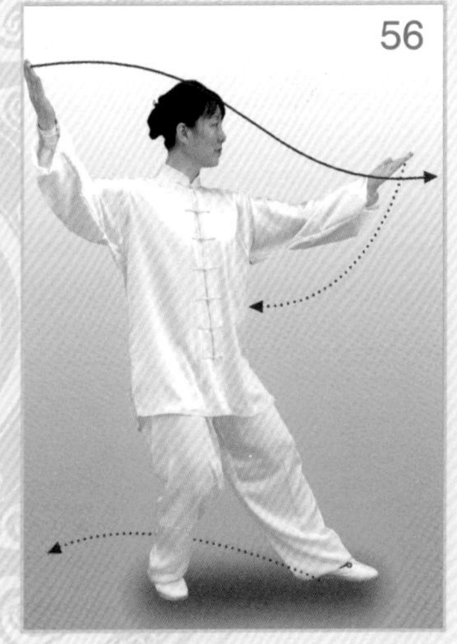

（1） 上體右轉，右拳變掌，掌心向上，由前經右胯側向後劃弧平舉，肘部微屈，隨之左臂外旋，掌心翻向上；左腳輕輕提起。眼隨轉體先向右看，再轉向前看左掌。（圖56）

（2） 左腳輕提，腳尖下垂，向後退步，腳前掌著地，隨之身體重心後移，左腳踏實，右腳腳跟微外展，腳尖朝前成右虛步；同時右臂屈肘，右掌捲收經耳側向前推出，掌心向前，高與肩平，左手向下撤至左胯前。眼看右掌。上體正直，鬆腰鬆胯。（圖57）

（3） 上體左轉，左掌向下、向左後方劃弧平舉，掌心仍向上，同時右臂外旋，掌心轉向上；眼隨轉體先向左看，再轉看右掌。（圖58）

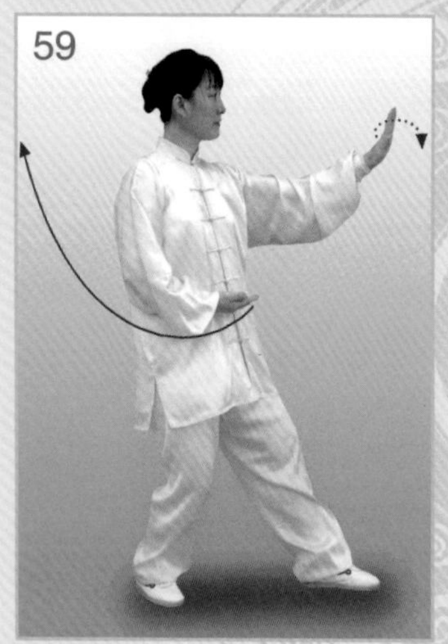

（4） 右腳輕輕提起向後退步，前腳掌先落地，隨之全腳踏實，重心移至右腿，左腳腳跟微外展，左膝微屈成左虛步；左掌屈肘捲收經耳側向前推出，掌心向前，高與肩平，右掌向下、向後撤至右胯前，掌心向上。眼看左掌。（圖59）

（5） 倒捲肱左右各重複一次，動作同前。（圖60～63）

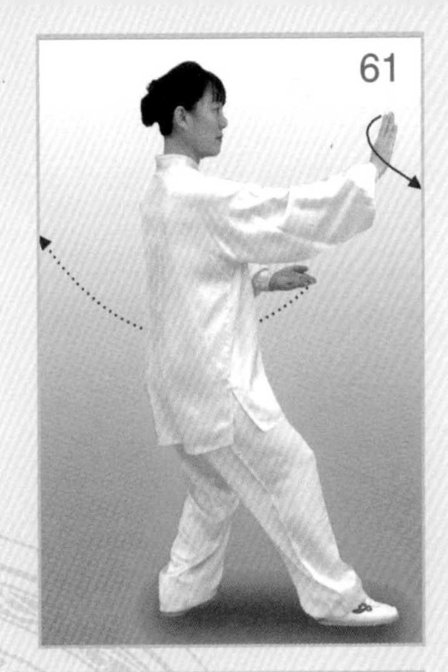

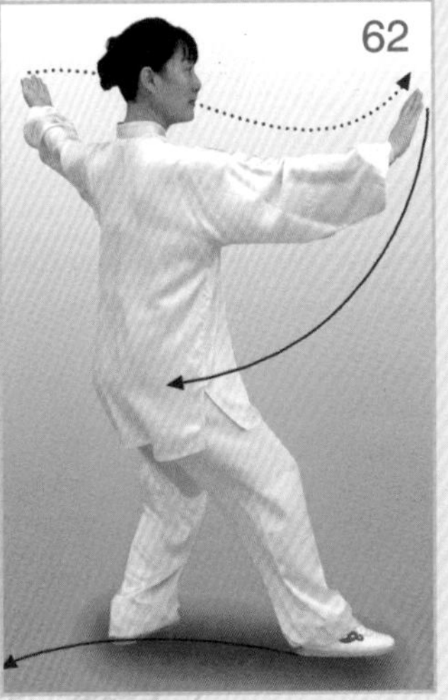

【要點】

1.前推手臂不要伸直，要轉腰鬆胯，速度一致。

2.退步不要直線後退，略向右後斜，保持重心穩定。

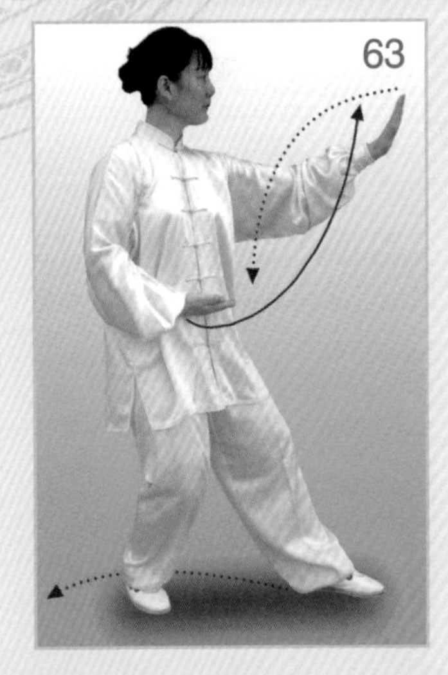

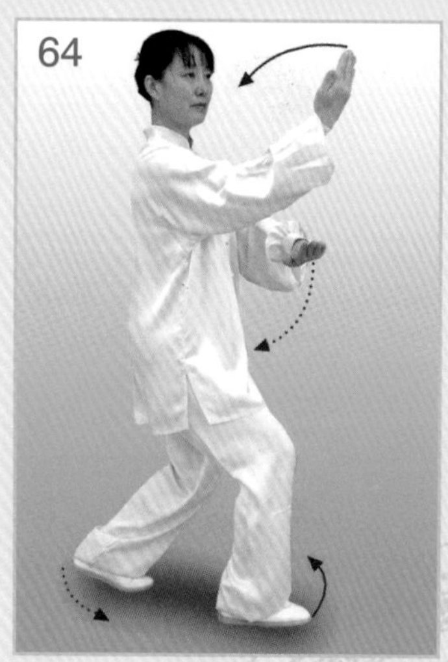
64

11.轉身推掌（四）

（1） 左腳撤至右腳後，腳前掌著地；左掌外旋先向上舉，再收至右胸前，掌心向下，左掌由下向右上方劃弧，掌心向上，高與頭平。眼看右掌。（圖64）

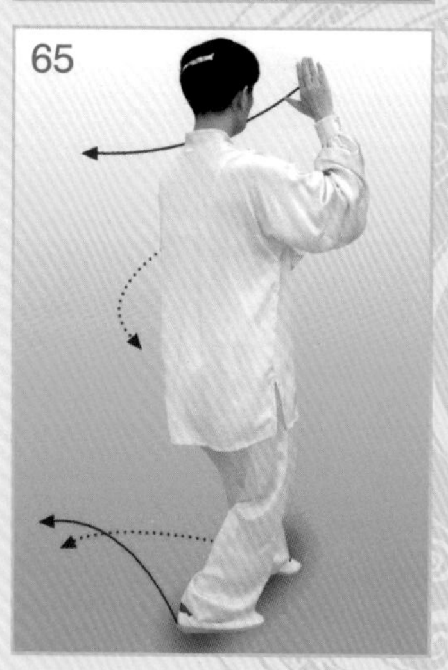
65

（2） 以左腳掌、右腳跟為軸向左後方轉體，轉身後重心仍在右腿；在轉動中右掌屈肘回收，左手略向下按。眼看左前方。（圖65）

66

（3） 左腳向前（西北）邁步，右腳隨即跟進，落於左腳後側，腳前掌點地成丁步；同時左掌下落經左膝前摟過，按於左胯旁，掌指向前，右掌經耳側向前推出，掌指向上，掌心向前，指尖高與鼻平。眼看右掌。（圖66）

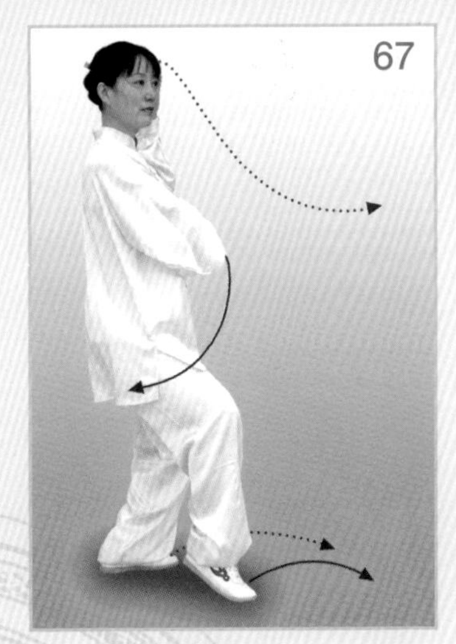

（4） 以左腳跟、右腳掌為軸向右後轉體，轉身後重心仍在左腿；同時左臂外旋並向左、向上劃弧上舉，左掌心向上，高與頭平，右掌下落至左胸前，掌心向下。眼看右前方。（圖67）

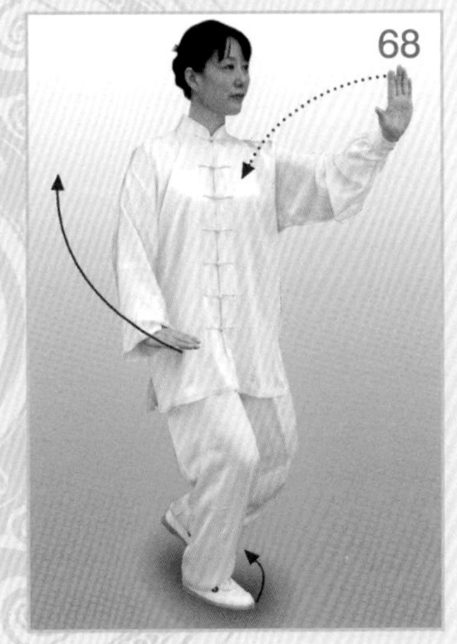

（5） 右腳向前（東南）上步，左腳隨即跟進，落在右腳後面，腳前掌著地成丁步；右掌經右膝前摟過，掌指向前，按於右胯旁，左掌經耳側向前推出，掌指向上，掌心向前，指尖高與鼻平。眼看左掌。（圖68）

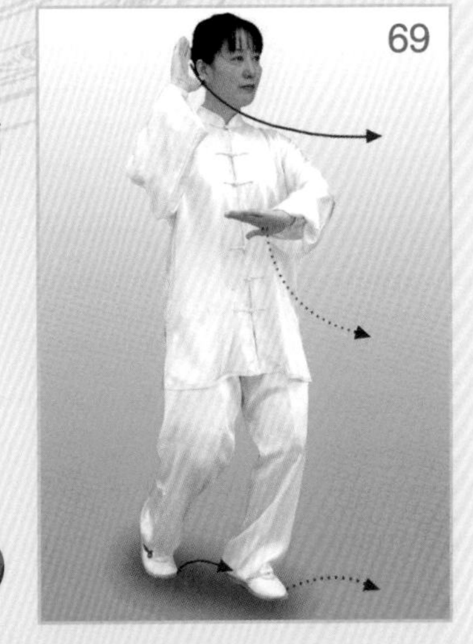

（6） 左右轉身推掌各重複一次。動作同前，唯方向分別為東北和西南，與前面的轉身推掌恰成四角方向。（圖69～72）

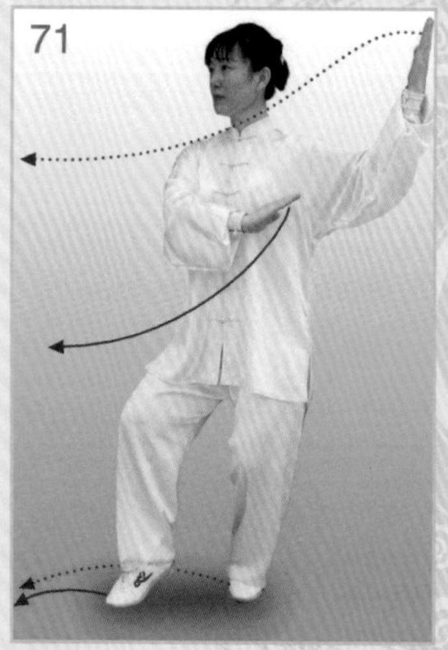

【要點】

1.轉動時整個動作要輕靈、沉穩。

2.丁步時兩腳橫豎均要保持約10公分的距離。

12.右琵琶勢

（1） 左腳向後（偏左）撤半步，身體重心移於左腿，上體左轉；左臂屈收，左掌帶至左胸前，掌心斜向下，右掌隨之向前、向上劃弧至體前，掌心斜向左。頭隨體轉，眼平視。（圖73）

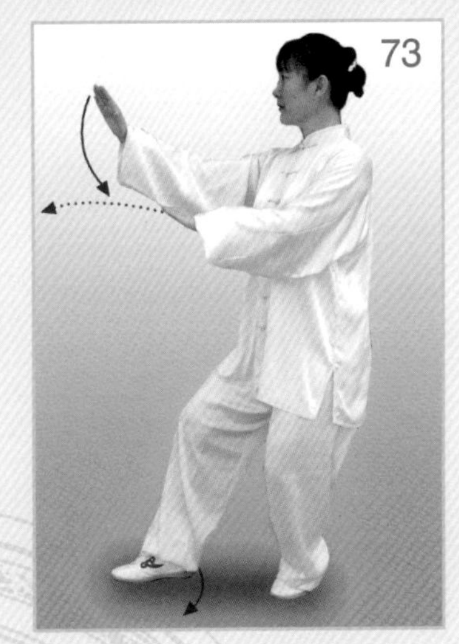

（2） 上體微右轉，右掌微向下沉，前臂微外旋，掌心向左成側立掌，指尖與眉心相對，左掌自左胸前向前合於右臂內側，掌心向右，與右肘相對；同時右腳提起微移，腳跟著地，膝微屈，成右虛步。面向正面，眼看右掌。（圖74）

【要點】

定勢頭要正，豎頸、沉肩、鬆腰，臂要沉合。

13.摟膝栽捶

（1） 上體左轉，右腳收於左腳前，腳尖點地；兩掌下捋至腹前，掌心斜相對。頭隨體轉，眼平視。（圖75）

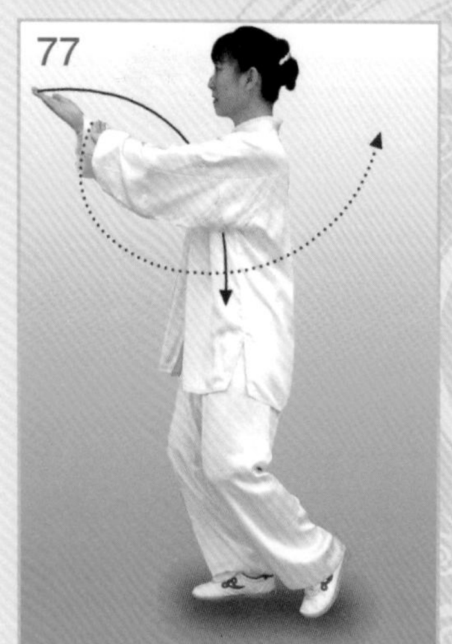

（2） 右腳前進半步，重心前移至右腿，隨之左腳跟進落於右腳後面，腳前掌著地；兩掌翻轉提到胸前，同時向左、向前劃平弧，右掌心向上，高與肩平，左掌心向下附於右腕內側。眼看右掌。（圖76、77）

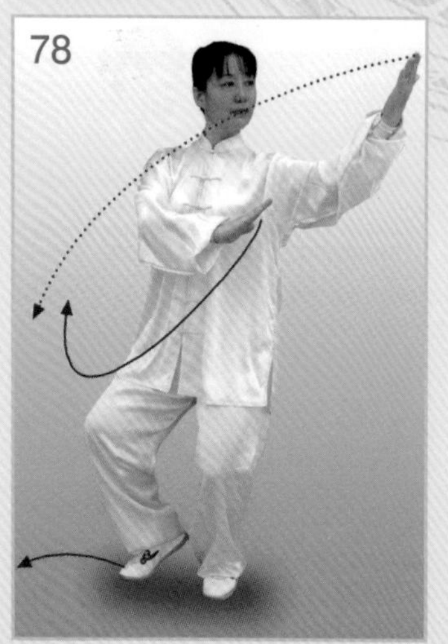

（3） 重心移向左腿，上體左轉，左前臂外旋，左掌向下、向後劃弧上舉，手心斜向上，高與頭平，右掌經面前向左劃弧，按於左胸前，掌心向下。眼看左掌。（圖78）

（4） 上體右轉，右腳向前邁出，左腿蹬直成右弓步；右掌向下經右膝前摟過，按於右胯旁，掌指向前，左掌變拳經耳側向前下方打出，拳眼向右，拳面斜向前下，高與腹平。眼看前下方。（圖79）

79

【要點】

1.定勢時，上體不要過於前傾，兩臂沿半圓和立圓劃弧。

2.銜接要圓活，以腰帶肩，上體自然，重心要穩。

第三段

14.白蛇吐信（二）

（1） 重心後移，右腳尖翹起；左拳上提，右掌上托。眼看右拳。（圖80）

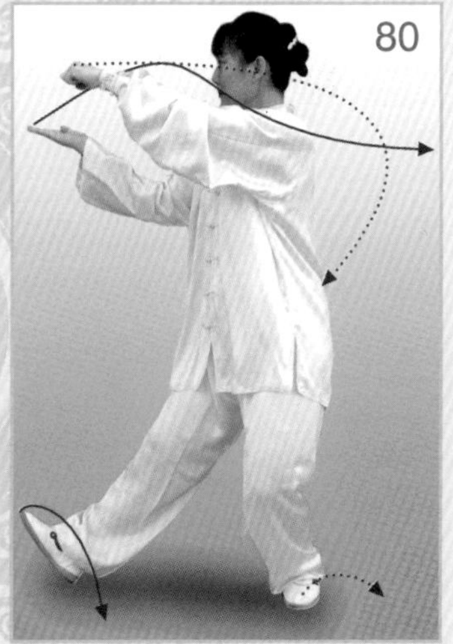
80

（2） 右腳內扣，向左後轉身，重心右移，左腳提起原地向外撇轉，右腳跟隨轉體離地扭轉，兩腿交叉相疊，右膝接近左腿膝窩成歇步；左拳變掌經體前下落，收至腰間，掌心向上，右掌經耳側向前推出，高與胸平，掌心向前。眼看右掌。（圖81）

81

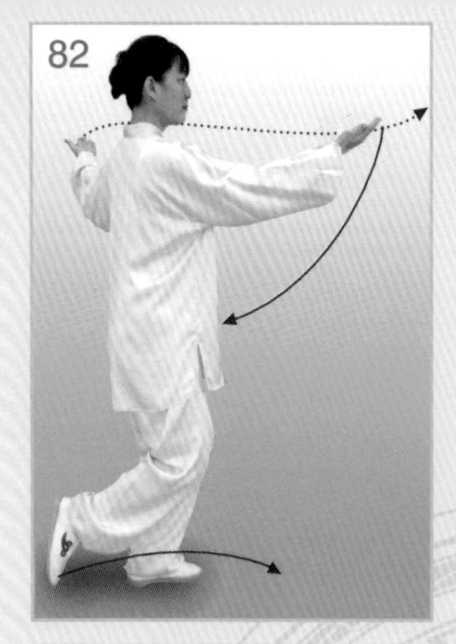

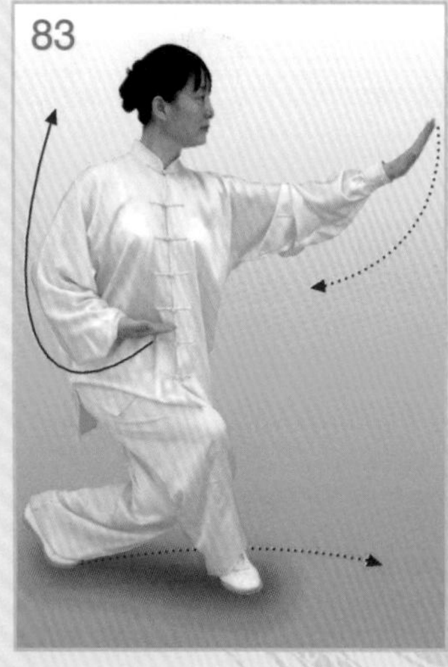

（3） 重心前移，右腳提起向前上一步。腳尖外撇，上體右轉，左腳跟隨轉體離地扭轉，兩腿交叉下蹲成歇步；左掌向後、向上捲收並經耳側向前推出，掌心向前，高與胸平，右掌翻轉，向下、向後收在腰間，掌心向上。眼看左掌。（圖82、83）

【要點】

1.轉身和上步上體要保持自然中正，推掌時略帶弧形。

2.兩腿半蹲，後膝接近前膝窩，不要歪扭。

15.拍腳伏虎（二）

（1） 重心前移，左腳向前墊步；左掌向左下方劃弧，右掌向後、向上劃弧，停於頭右側，準備拍腳。眼向前平視。（圖84）

（2） 左腳落實，左腿支撐，右腳向前、向上踢出，腳面自然伸平；右掌向前擊拍右腳面，左掌向後、向上劃弧平舉於身體左後方，掌心向外，高與肩平。眼看前掌。（圖85）

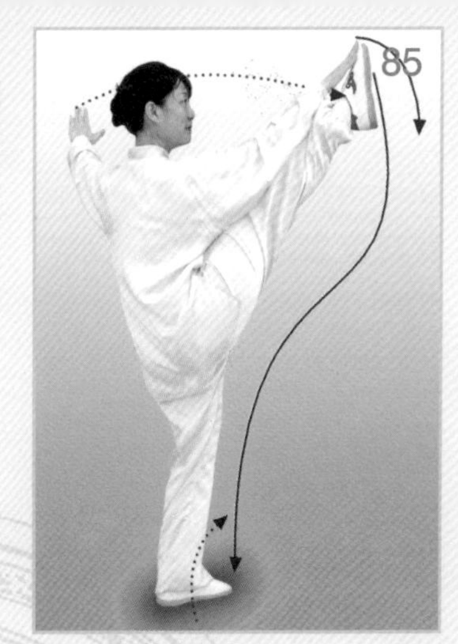

（3） 右腳向左前方蓋步落下，左腳在右腳落地之際隨即提起；同時兩掌一齊向右平擺，掌心均向下。眼看右掌。（圖86）

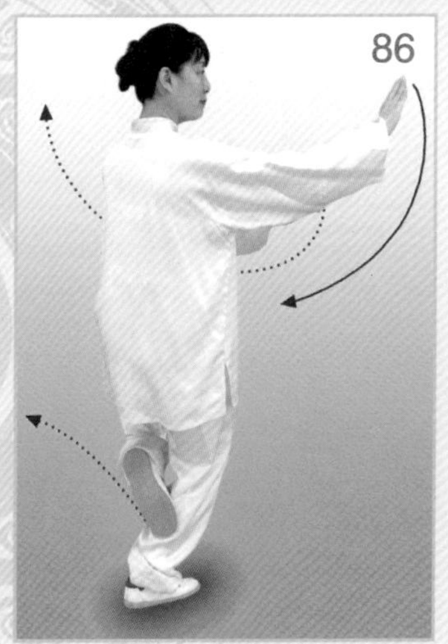

（4） 左腳向左側（正北）落步，右腿蹬直成左弓步（向北）；兩掌隨左轉體經腹前向下、向左劃弧，邊劃弧邊握拳。眼看左拳。（圖87）

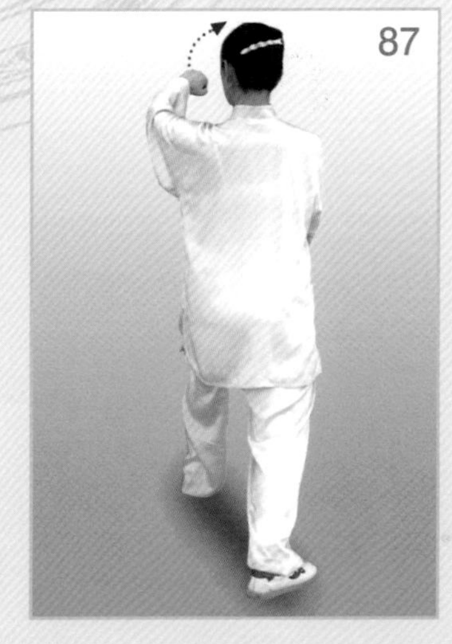

（5）上勢不停，左拳向右屈肘平貫，停於左額前，拳心斜向外；右拳向左平貫，停於左肋前，拳心斜向下。鬆腰、鬆胯。眼轉看右前方（正東）。（圖88、88附）

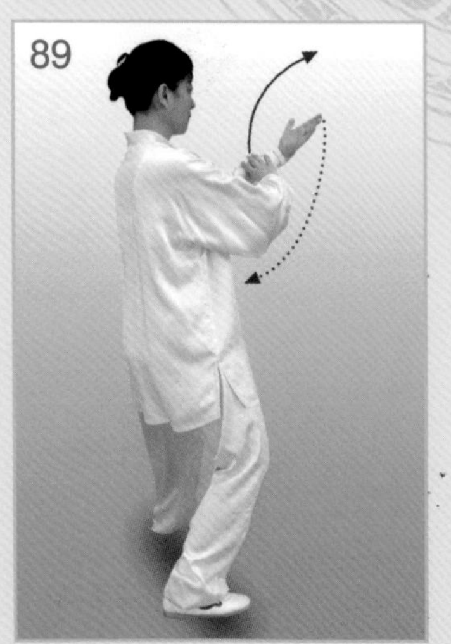

（6）重心後移，左腳尖內扣，上體右轉；同時兩拳變掌，左掌收於胸前，掌心斜向上，右掌掌心斜向下，從左前臂上方穿出；眼平看前方。（圖89）

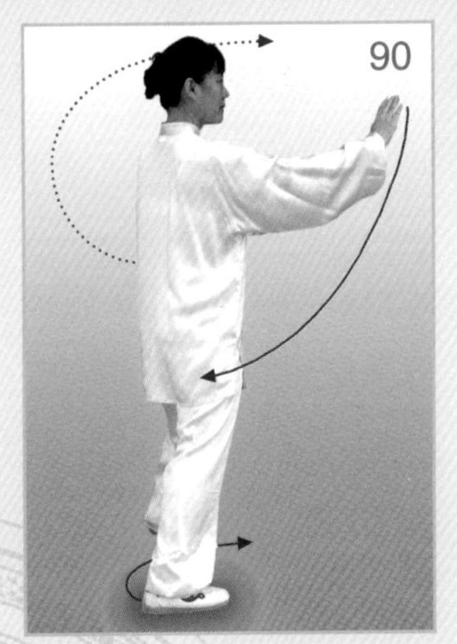

（7） 左腳落實，重心移於左腿，右腳提起經左腳內側向前（正東）墊步；左掌向下、向後、向上劃半個立圓，至頭左側，掌心向前，準備拍腳；右掌向前、向下劃半個立圓，停於右胯旁。眼向前平視。（圖90、91）

（8） 右腿支撐，左腿向前、向上踢出，腳面伸平；左掌向前擊拍左腳面，右掌向後、向上劃弧，平舉於身體右後方，高與肩平，掌心向外。眼看左掌。（圖92）

（9） 左腳向右前方蓋步落下，右腳在左腳落地之際隨即提起；同時兩掌一齊向左平擺，兩掌心向下。眼看左掌。（圖93）

（10） 右腳向右側（正南）落步，右腿屈膝成右弓步（向南）；兩掌經腹前向下、向右劃弧，逐漸變握拳。眼看右拳。（圖94）

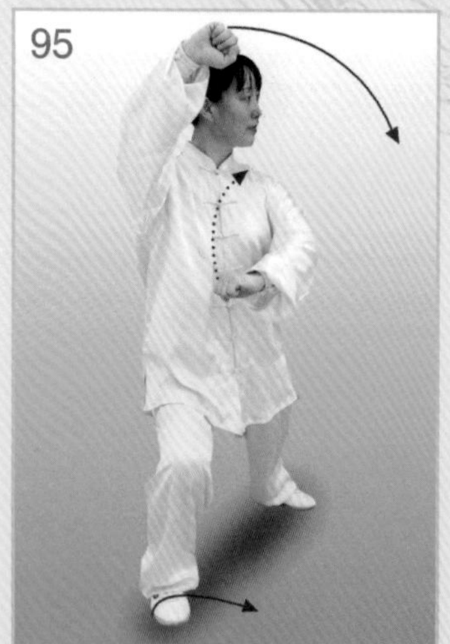

（11） 上勢不停，右拳向左屈肘平貫，停於右額前，拳心斜向外。左拳向右平貫，停於右肋前，拳心斜向下。鬆腰、鬆胯。眼轉看左前方（正東）。（圖95）

【要點】

1.兩臂上下要保持半圓形，胸部不要前挺。

2.左膝要微屈。

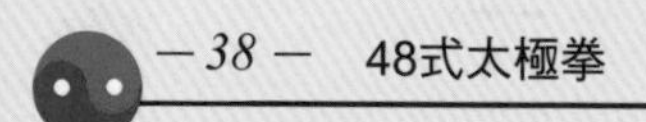

16.左撇身捶

（1） 重心後移，右腳尖抬起，內扣，上體左轉；同時右拳變掌，掌心斜向上，收於胸前，左拳亦變掌，掌心斜向下，從右前臂上向前穿出。眼向前看。（圖96）

（2） 右腳踏實，身體重心移於右腿；左掌微向上、向前劃弧，掌心向下，右掌向下、向後劃弧收至右胯前，掌心向上。眼看左掌。（圖97）

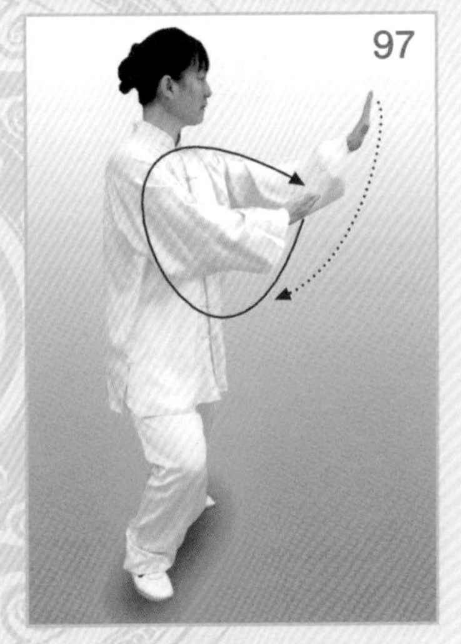

（3） 上體右轉，左腳收至右腳內側；左掌下落握拳收至小腹前，拳心斜向內，拳眼向右，右掌向後、向上再向體前劃弧，翻掌向下附於左前臂內側（掌心同側）。眼看左前方。（圖98）

（4） 上體微左轉，左腳向左前方（東北）邁出一步，重心前移成左弓步；左拳上提經面前向前撇打，拳心斜向上，高與頭平，右掌仍附於左前臂內側。眼看左拳。（圖99）

【要點】

1.撇拳前回收兩手交叉要劃圓。

2.左掌邊收邊握拳，弓步向前撇打，整個動作完整協調。

17.穿掌下勢

（1） 重心後移，左腳尖翹起微外展，上體稍左轉；左拳變掌向上、向左劃弧，右掌向下、向右劃弧，兩掌心皆向下。眼看左掌。（圖100）

（2） 上勢不停，左腳落實，重心前移，右腳收於左腳內側；兩掌繼續劃立圓，同時逐漸握拳，左拳拳心向內收於腹前，右拳拳心向內合於面前。眼向前看。（圖101）

（3） 右臂掩肘下落，左拳從右前臂外側上穿；同時左腿屈蹲，右腳向右側（正東偏南約30°）伸出成右仆步。眼看右前方。（圖102）

（4） 上體右轉，右拳經腹前沿右腿內側向右前方穿出，左拳向左後上方伸展，兩拳拳眼均轉向上。眼看右拳。（圖103）

【要點】

1.仆步時要先屈蹲左腿，上體不可過於前傾，右腿要伸直。

2.左腳尖與右腳跟在一條線上，兩腳全腳掌著地。

18.獨立撐掌（二）

（1） 重心前移，右腳尖外展，左腳尖內扣，左腿微伸直；同時右拳略向上挑，左拳稍向下落，兩拳拳眼仍向上。眼向前看。（圖104）

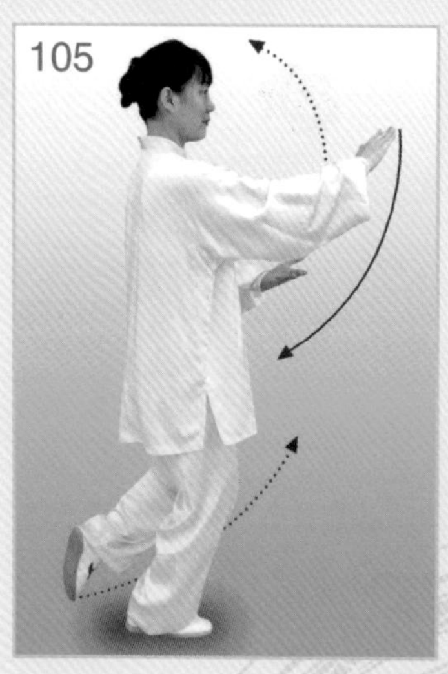

（2） 右腳蹬地，左腳提起；右拳變掌微內旋，左拳變掌下落經腰側向前、向上方穿出，掌心向內。眼向前看。（圖105）

（3） 身體起立，右腿微屈站穩，左腿屈膝提至體前，腳面展平，成右獨立步；同時右掌按於右胯前，指尖向左，左掌從右前臂內側上穿並翻掌撐於頭前上方，指尖向右，掌心斜向上。眼向前看。（圖106）

（4） 左腳向前（偏左）落步，重心前移，左腳蹬地，右腿提至體前，腳面展平，成左獨立步；右前臂外旋，使掌心向內經體前從左前臂內側上穿，翻掌撐於頭上（指尖向左，掌心斜向上），左掌下落按於左胯前（指尖向右）。眼向前看。（圖107、108、109）

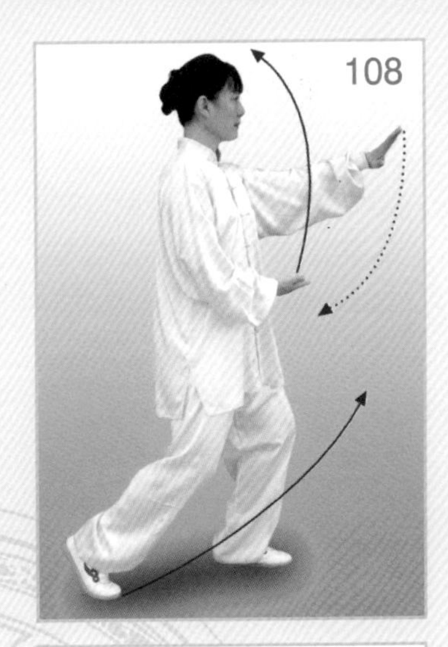

【要點】

1.獨立步支撐腿微屈，上體要自然中正。

2.上穿掌時要配合腰部的轉動，周身配合協調一致。

19.右單鞭

（1）右腳向後撤一步，左腿屈蹲成左弓步；同時右掌向前、向下落，掌心轉向上，左掌自右前臂上方向上、向前伸，掌心向下。眼看左掌。（圖110）

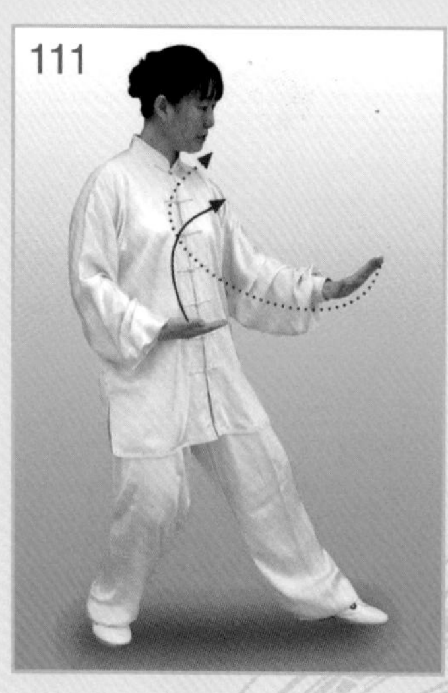

（2）重心後移，兩掌自體前向下、向後一齊捋回，收至腹前。頭隨體轉。（圖111）

（3）左掌經腹前翻轉上舉，高與胸平，掌心向內，右掌同時翻轉上舉，掌心向前，掌指附於左腕內側。（圖112）

（4）重心前移，左腿屈膝前弓，上體左轉；左掌自右向前劃平圓，高與肩平，掌心斜向內，右掌掌指附於腕內側隨之劃圓。眼隨左掌。（圖113）

（5） 重心後移，左腳尖上翹；左掌繼續屈肘向左、向後劃平圓，掌心轉向上，右掌隨之轉動。眼看左掌。（圖114）

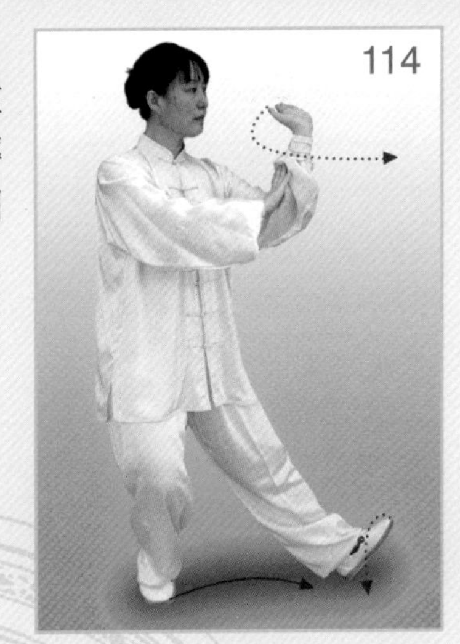
114

（6） 左腳尖內扣落實，重心移至左腿；左掌隨左前臂內旋向左前方按出，隨之變成勾手，右前臂微外旋，右掌掌心轉向內，收於左肘彎處；同時右腳回收於左腳內側。眼看左勾手。（圖115）

115

（7） 上體稍右轉，右腳向右前方（正西稍偏北）邁出，重心前移成右弓步；右掌隨轉體慢慢翻掌並向前推出，掌指向上，掌心向前，指高與鼻平，右肘右膝上下相對。眼看右掌。（圖116）

116

【要點】

弓步方向應略偏向西北。胸部舒展內含，肘、肩都要鬆沉，手臂不要僵直，兩臂不要伸成一條直線。推掌要走弧形，邊翻邊推，並與轉腰相配合，到終點時鬆肩塌腕，向下沉勁。

第四段

20.右雲手（三）

（1） 上體左轉，重心移向左腿，右腳尖內扣；右掌向下、向左劃立圓至左肩前，掌心向內。眼看左勾手。（圖117）

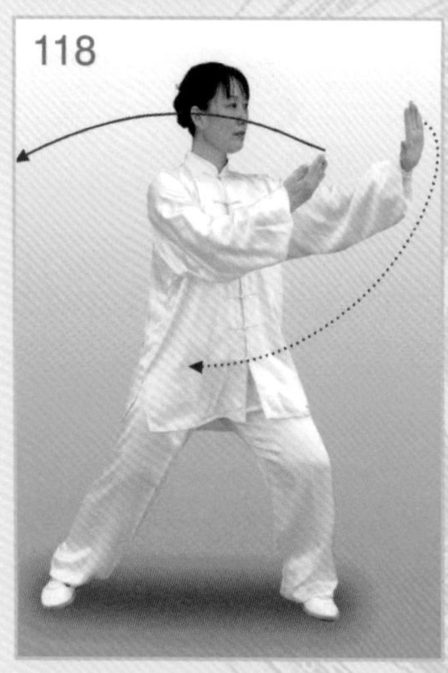

（2） 右掌經面前向右繼續劃立圓，掌心向內，左勾手變掌，向下經腹前劃立圓，同時左前臂外旋，掌心由外逐漸轉內；身體重心漸漸移向右腿。上體和視線均隨右掌轉動。（圖118、119）

（3） 上體繼續右轉；右掌劃到身體右側，前臂內旋，掌心轉向外，左掌向上劃弧至右肩前，掌心向內；同時左腳向右腳收攏成小開立步，兩腳相距10～20公分，腳尖向前。眼看右掌。（圖120）

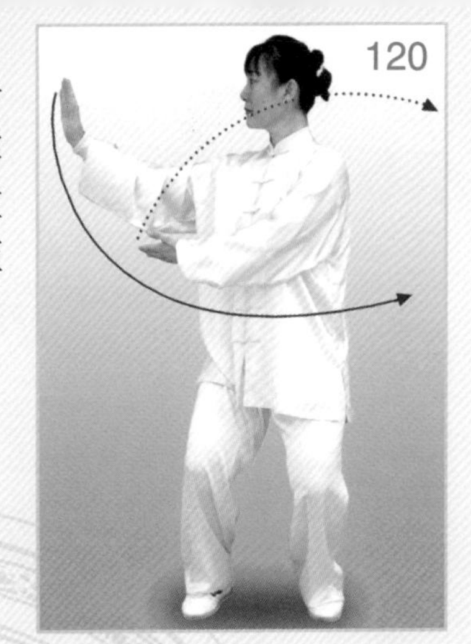

（4） 上體左轉，重心移向左腿；左掌經面前向左，右掌經腹前向左，同時劃立圓。上體和視線均隨左手移動。（圖121）

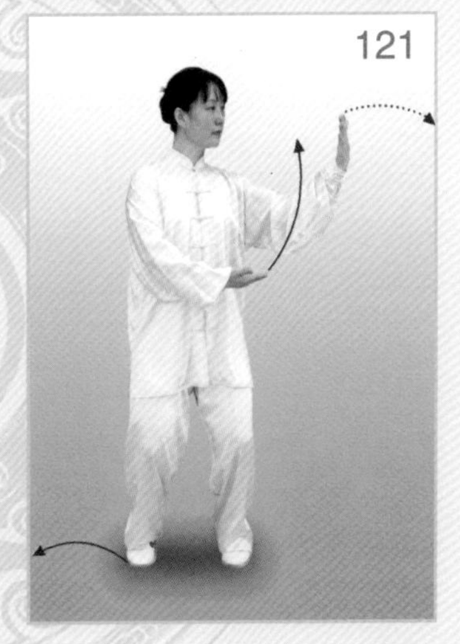

（5） 上體繼續左轉，右腳側跨一步，腳尖仍向前；兩掌雲至身體左側時逐漸翻轉，左掌心翻轉向外，右掌心翻轉向內。眼看左掌。（圖122）

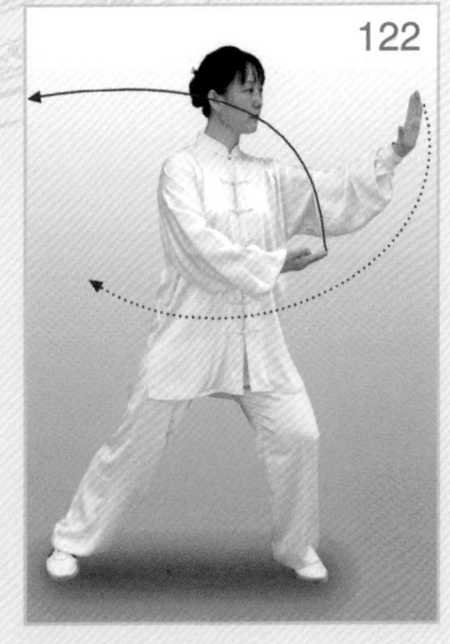

（6） 上體右轉，重心移至右腿，左腳收併，兩腳相距10～20公分。右掌經面前向右，左掌經腹前向右，同時作立圓雲轉。雲至身體右側時，兩掌逐漸翻轉。上體和視線隨右手轉動。（圖123、124）

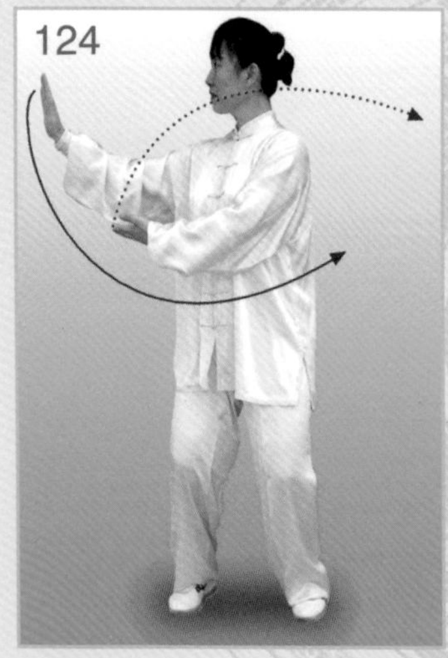

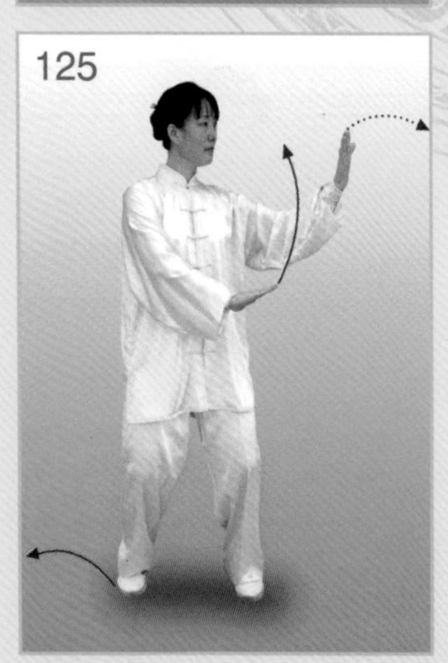

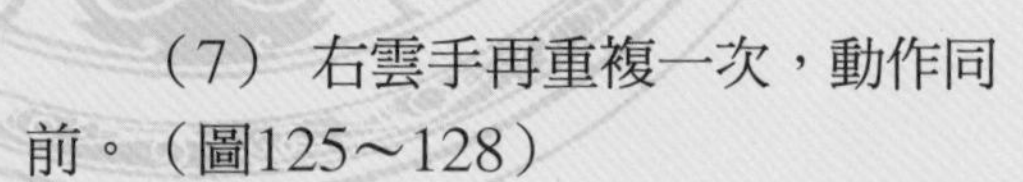

（7） 右雲手再重複一次，動作同前。（圖125～128）

【要點】

1.身體轉動要以腰為軸，鬆腰、鬆胯，移動時要平穩不可起伏。

2.兩臂隨腰的轉動而運轉，速度要緩慢均勻。

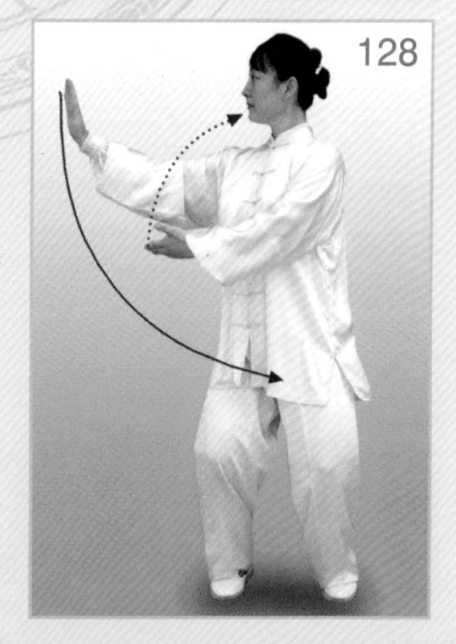

21.右左分鬃

（1） 重心移至左腿，上體左轉；兩掌繼續向左雲轉，至體前時，兩掌翻轉相對成「抱球」狀；同時右腳輕輕提起。眼看左掌。（圖129）

（2） 上體微右轉，右腳向前（偏右）邁出一步成右弓步（兩腳橫向距離約30公分）；兩掌隨轉體分別向右上和左下分開，右掌指高與眼平，掌心斜向上，左掌按於左胯旁，掌心向下，指尖向前。眼看右掌。（圖130）

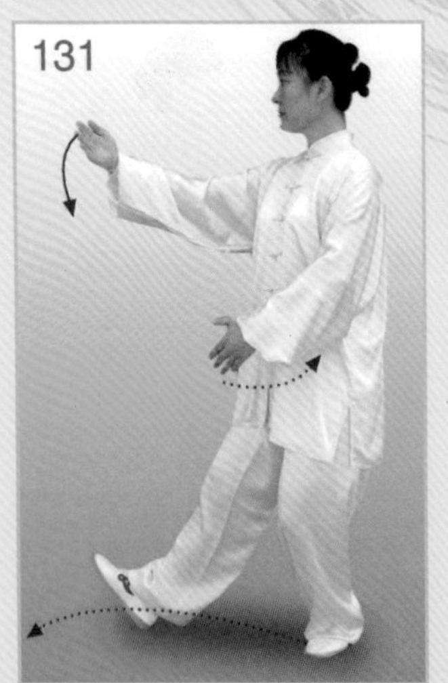

（3） 上體後坐，右腳尖外展，上體微右轉；右臂內旋使掌心向下，左臂外旋，掌心向上，兩掌右上左下在胸前「抱球」；同時左腳收於右腳內側。眼看右掌。（圖131、132）

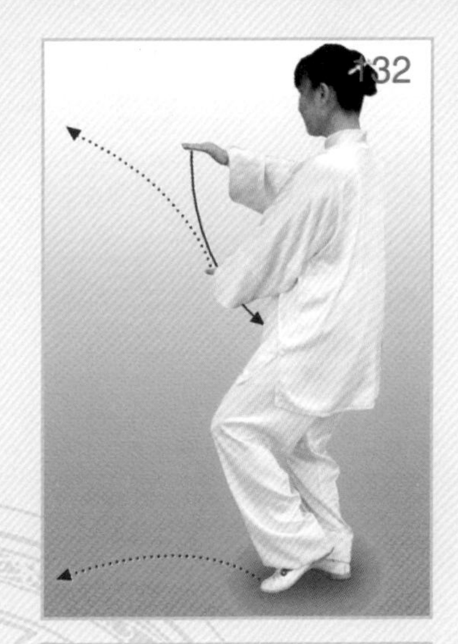

（4） 上體左轉，左腳向前（偏左）邁出一步，成左弓步（兩腳橫向距離約30公分）；兩掌隨轉體分別向左上和右下分開，左掌指高與眼平，掌心斜向上，右掌按於右胯旁，指尖向前。眼看左掌。（圖133）

【要點】

1.上體要中正，胸部寬鬆舒展，兩臂分開時要保持弧形。

2.弓步動作與分手的速度要一致，向上分手時手臂要有向外靠的意識。

22.高探馬

（1） 右腳跟進半步，腳前掌落地；左掌微外展，右掌自下向後平舉，高與肩平，掌心轉向上。眼向前平視。（圖134）

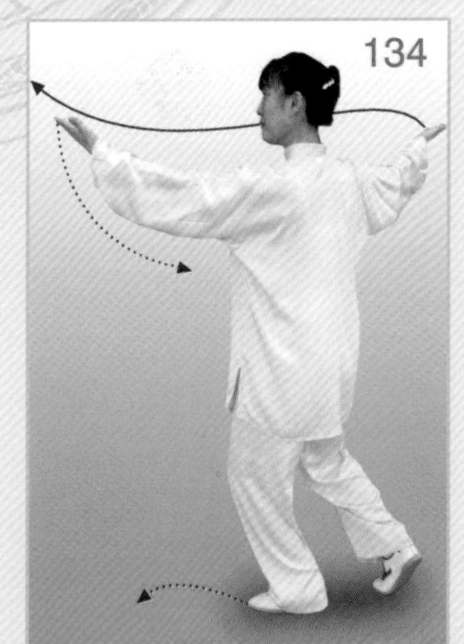

（2） 重心後移，踏實右腳，上體微向右再向左轉，左腳稍向前墊步，腳前掌著地，成左虛步；左掌下落收至腰前，掌指向前，掌心向上；右掌捲收經耳旁向前推出，拳心斜向前，掌指高與眼平。眼看右掌。（圖135）

【要點】

1.上體自然中正，兩肩要沉。

2.跟步移換重心時，身體不要有起伏。

23.右蹬腳

（1） 上體右轉，左腳輕輕提起；右掌向右後帶，左掌掌心翻轉向下，並向左、向前劃弧。（圖136）

（2） 左腳向左前方上半步，腳跟著地；同時左前臂外旋，掌心向上，稍向後收，右掌自左前臂上方穿出。眼看右掌。（圖137）

（3） 左腳落實，重心前移，左腿前弓；右掌向上、向前劃圓，左掌向下、向後劃圓，右掌心向下，左掌心向上。眼看右掌。（圖138）

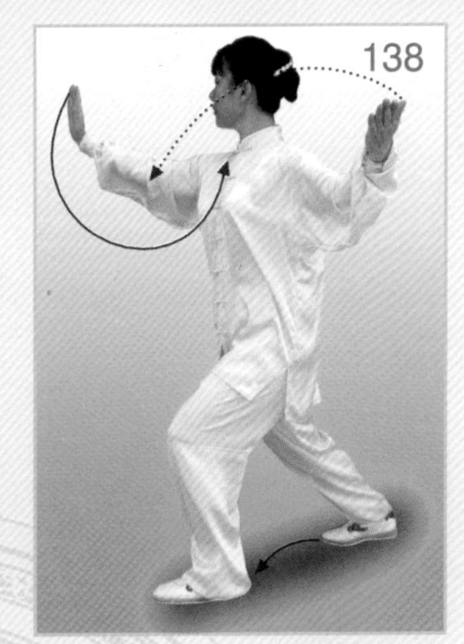

（4） 右腳收於左腳內側，腳尖點地（也可不點地），腰部微向左再向右旋轉；右掌向下，左掌向上同時繼續劃圓，至胸前時兩腕相交，兩掌合抱成斜十字，舉於胸前（右掌在外），掌心均向內。眼看右前方。（圖139）

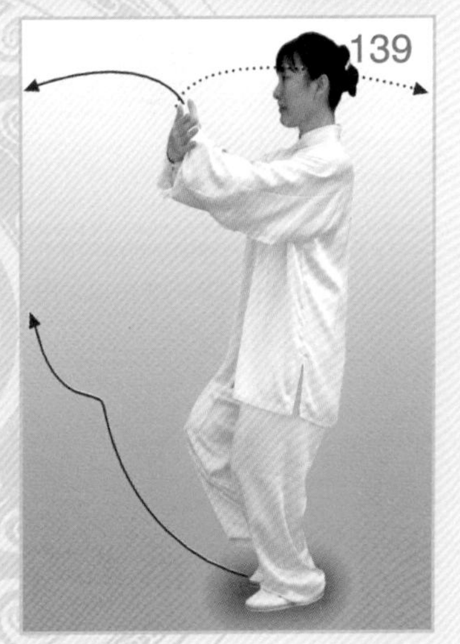

（5） 左腿微屈站穩，右膝提起，右腳向前方（西偏北約30°）慢慢蹬出，腳尖回勾，力在腳跟；兩掌分別向右前和左後方劃弧撐開，肘部微屈，腕與肩平，掌心向外，右臂、右腿上下相對。眼看右掌。（圖140）

【要點】

1.身體要穩定，不可前俯後仰。

2.蹬腳時，左腿微屈立穩，右腳蹬出腳尖要回勾。

3.右臂與右腿要上下相對，分手與蹬腳動作要協調連貫。

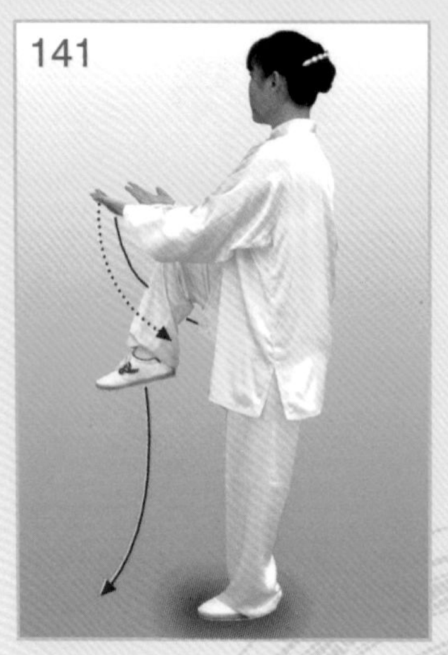

24.雙峰貫耳

（1） 右小腿收回，右膝平屈，腳尖自然下垂；左前臂外旋，左掌由後向上、向前劃弧下落，右掌掌心翻轉向上與左掌同時平行落於右膝上方。眼向前平視（圖141）

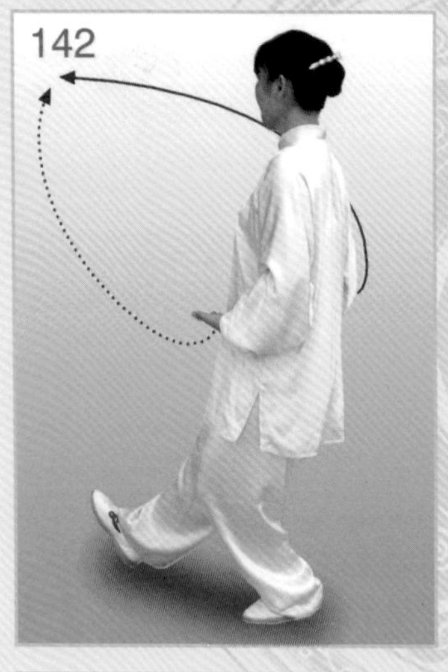

（2） 右腳向前方（西偏北約30°）落下，腳跟著地；兩掌下落，經兩胯旁慢慢握拳。眼看前方。（圖142）

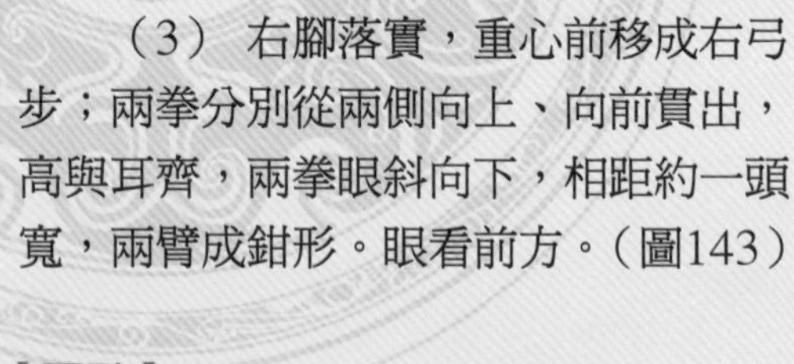

（3） 右腳落實，重心前移成右弓步；兩拳分別從兩側向上、向前貫出，高與耳齊，兩拳眼斜向下，相距約一頭寬，兩臂成鉗形。眼看前方。（圖143）

【要點】

1.完成貫拳後，頭頸、上體中正，鬆腰、鬆胯。

2.兩拳鬆握，沉肩垂肘，兩臂保持弧形。

3.弓步與貫拳要協調一致。

25.左蹬腳

（1） 重心後移，右腳尖翹起微外展；兩拳變掌向右同時分開，掌心皆向外。眼看左掌。（圖144）

（2） 重心前移，左腳收於右腳內側，腳尖點地（也可不點地），腰微向右再向左旋轉；同時兩掌分別從左、右側向下、向內劃弧，在胸前交叉抱成斜十字形（左掌在外），掌心均向內。眼看左前方。（圖145）

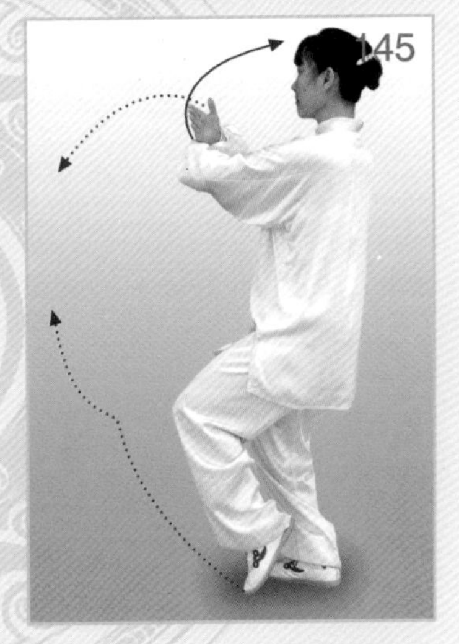

（3） 右腿微屈站穩，左膝提起，左腳向左前方（西偏南約30°）慢慢蹬出，腳尖回勾，力在腳跟；兩掌向左前和右後方同時劃弧撐開，肘部微屈，腕與肩平，左臂、左腿上下相對。眼看左掌。（圖146）

【要點】

同右蹬腳。唯左右相反（方向為西偏南）。

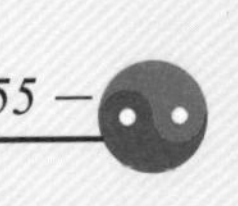

26.掩手撩拳

（1） 左腳收回落於右腳內側，腳尖點地，上體微向右轉；兩掌自兩側向上、向內劃弧，舉於頭前；同時右掌變拳，兩手心均向內。眼看前方。（圖147）

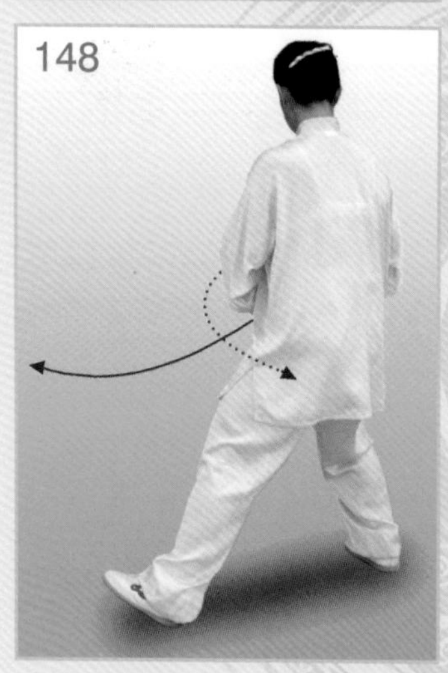

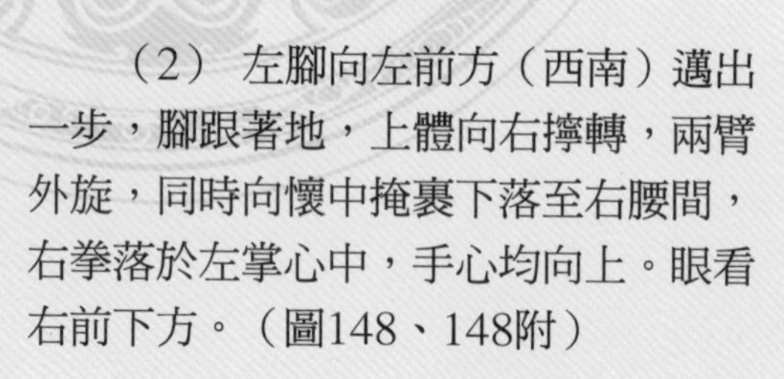

（2） 左腳向左前方（西南）邁出一步，腳跟著地，上體向右擰轉，兩臂外旋，同時向懷中掩裹下落至右腰間，右拳落於左掌心中，手心均向上。眼看右前下方。（圖148、148附）

（3） 上體左轉，重心左移，左腿前弓，右腿蹬展，成左弓步；左掌隨左轉腰握拳收至左腰間，拳心向上；右拳隨上體左轉，向前（正面）直臂撩出（也可快速發力撩彈），拳高與腹平，拳眼向左，拳面斜向前下。眼看右拳。（圖149）

【要點】

1.撩拳後要鬆肩、垂肘、順肩。

2.如果採取快速發力練法，要注意周身完整，前臂彈抖要快速鬆沉。

27.海底針

（1） 右腳跟進半步在左腳側後方落下，腳前掌先著地，然後全腳踏實。上體右轉，身體重心後移至右腿，左腳輕輕提起；左拳變俯掌向左、向前劃平弧；右拳變側掌下落，經體右側向上抽提至右耳旁。眼看前方。（圖150、151）

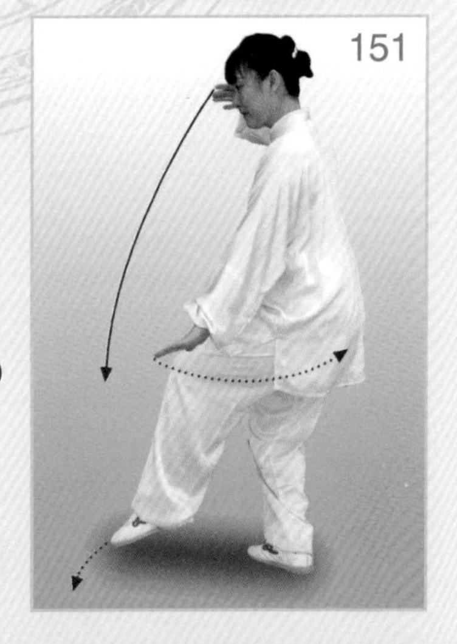

（2） 上體左轉；右手從耳側向前下方插掌，指尖斜向前下，掌心向左；左手向左劃弧按於左胯旁，掌指向前；左腳向前移半步，腳前掌著地成左虛步。塌腰、沉肩。眼看前下方。（圖152）

【要點】

1.完成姿勢後上體不可太前傾。

2.避免低頭和臀部後凸。

3.左腿膝部微屈，腳尖點地。

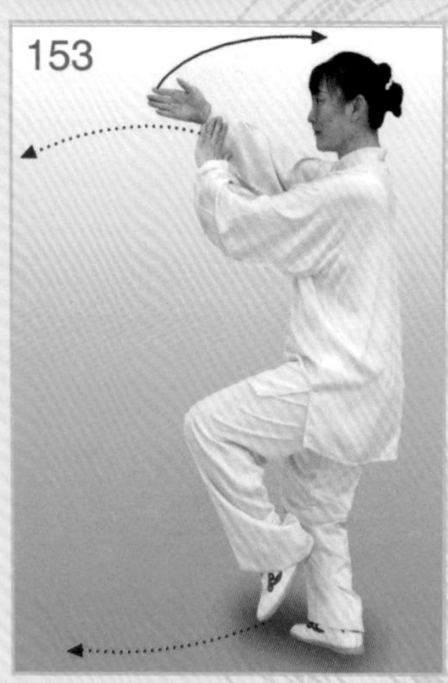

28.閃通背

（1） 上體微右轉，左腿提起；兩掌上提，左掌指靠近右腕內側。眼看前方。（圖153）

（2） 左腳前落，重心前移成左弓步；右掌經面前翻掌上撐停於右額旁，掌心斜向上，指尖向左；左掌經胸前向前推出，掌心向前，高與鼻平。眼看左掌。（圖154）

【要點】

1.左掌推出左臂不要完全伸直，背部肌肉要伸展開。

2.推掌、架掌和弓步動作要連貫完整。

第五段

29.右左分腳

（1）重心後移，左腳尖充分內扣，上體右後轉；兩掌向兩側劃弧，掌心向外，眼看右前方。（圖155）

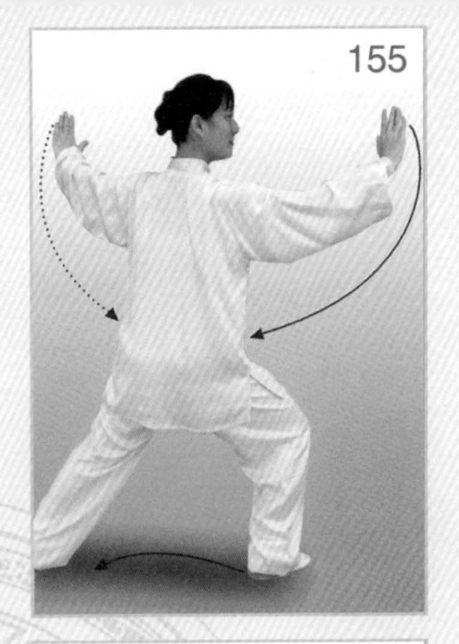
155

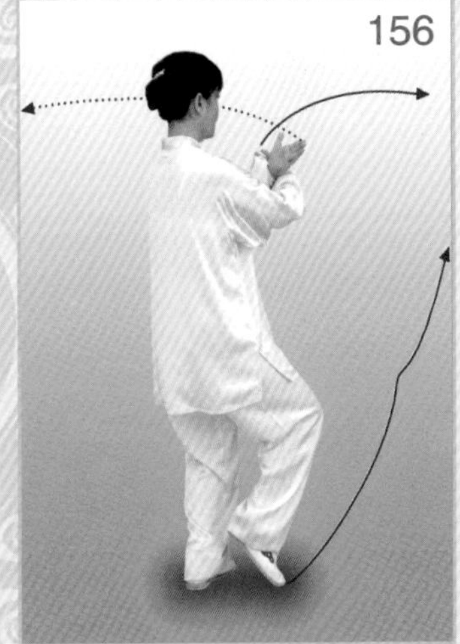
156

（2）重心左移，收回右腳，腳尖點地（也可不點地）；兩手向下再向體前劃弧，在腹前交叉後再合抱於胸前成斜十字形（右掌在外），掌心均向內。眼看右前方（正東偏南）。（圖156、156附）

156附

（3） 左腿微屈站穩，右膝提起，右腳向右前方（正東偏南）慢慢踢出，腳面展平；兩掌同時向右前方和左後方劃弧撐開，掌心皆向外，腕高與肩平，肘部微屈，右臂右腿上下相對。眼看右掌。（圖157）

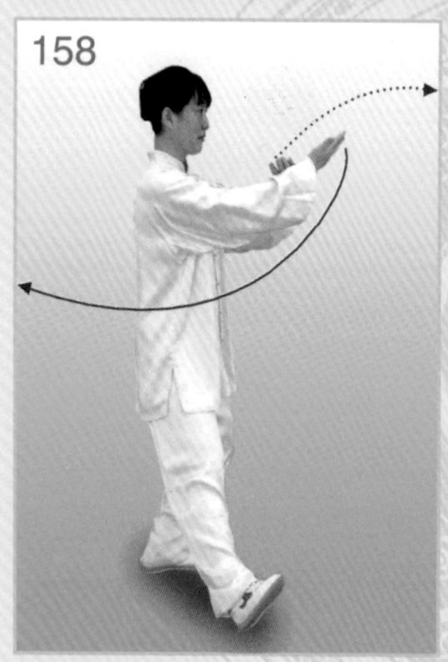

（4） 右小腿屈收，右腳向右前方（東南）落下，腳跟著地；右前臂外旋，右掌心轉向上並稍向內收；左掌下落經左腰側向前、向上劃弧並從右前臂上穿出，掌心向前。眼看左掌。（圖158）

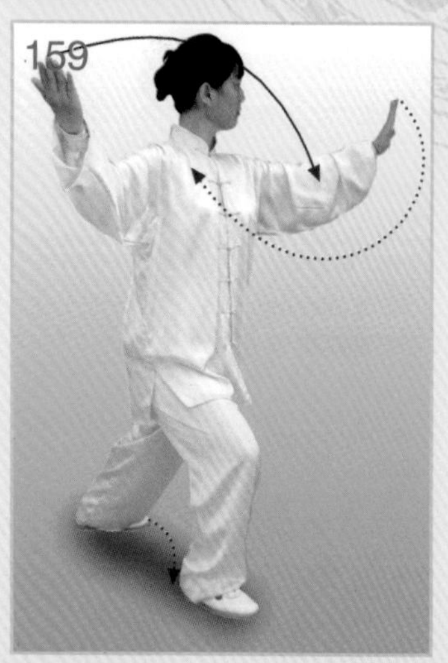

（5） 右腳落實，重心前移，左腿蹬直；左掌向上、向前劃弧，掌心向下；右掌向下、向後劃弧，掌心向上。眼看左掌。（圖159）

（6） 左腳收至右腳內側，腳尖點地（也可不點地），腰微向右再向左旋轉。左掌向下、右掌向上同時繼續劃圓弧；至胸前時，兩掌腕部交叉合抱成斜十字形（左外右內），掌心皆向內。眼看右前方（正東偏北）。（圖160）

（7） 右腿微屈站穩，左膝提起，左腳向左前方（正東偏北）慢慢踢出，腳面展平；兩掌同時向左前和右後方劃弧撐開，掌心皆向外，腕高與肩平，肘部微屈，左臂左腿上下相對。眼看左掌。（圖161）

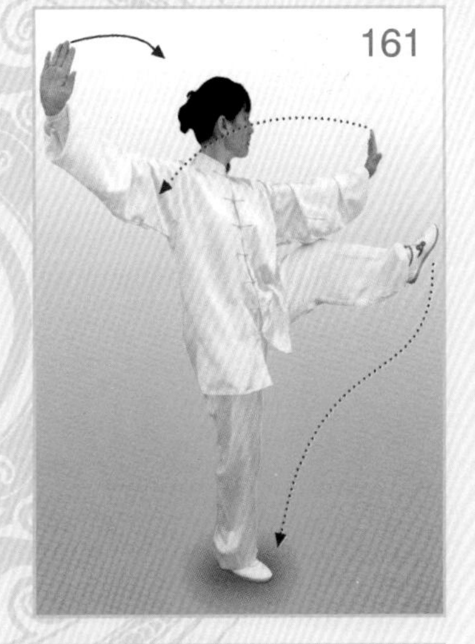

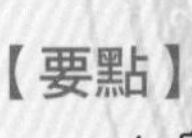
【要點】

1.身體要中正穩定、沉肩、垂肘。

2.分掌與分腳動作要上下相對，動作要協調。

30.摟膝拗步（二）

（1） 左小腿屈收，左腳落於右腳內側，上體右轉；右掌翻轉上舉，高與頭平，左掌隨轉體向上、向右劃弧落於右肩前，掌心朝下。眼看右掌。（圖162）

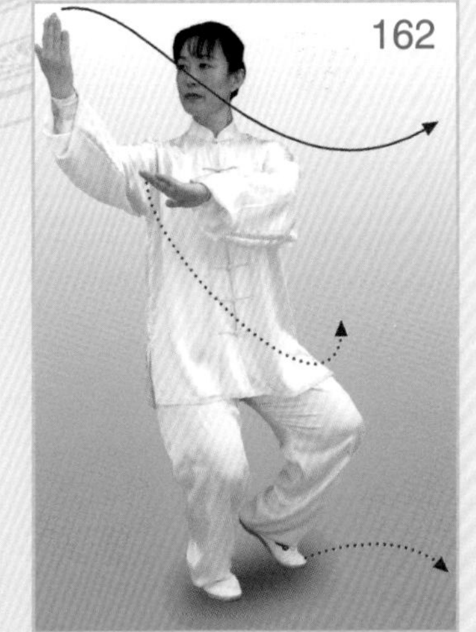

（2） 上體左轉，左腳向前（偏左）邁出一步，重心前移成左弓步（兩腳跨度約30公分）；左掌下落經左膝前摟過，按於左胯旁，掌指向前；右掌屈收經耳側向前推出，掌心向前，高與鼻平。眼看右掌指。（圖163）

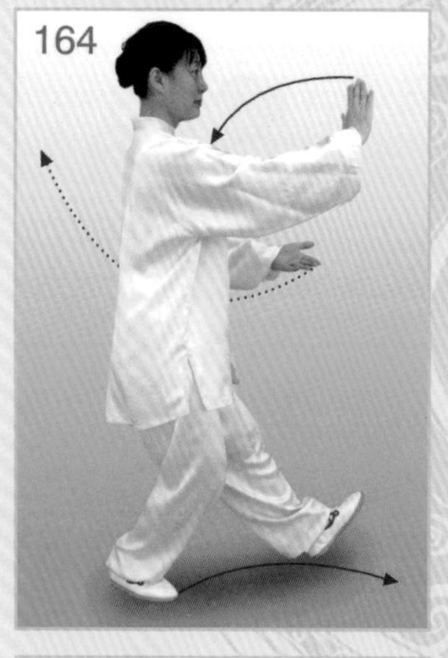

（3） 重心後移，左腳尖翹起外展，上體左轉；兩前臂外旋，右掌心轉向左，左掌心轉向上。（圖164）

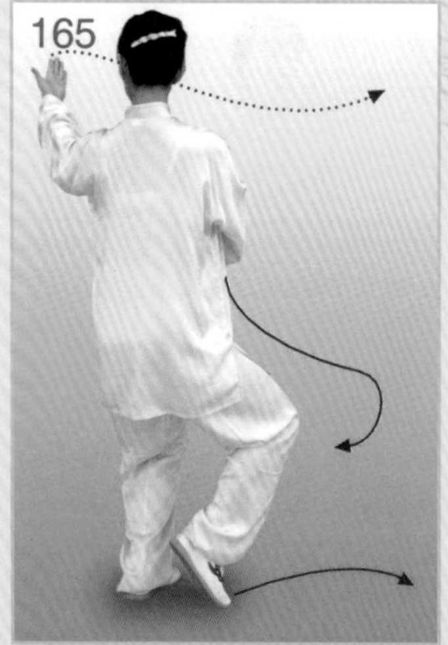

（4） 右腳提起向前（偏右）上步，接做右摟膝拗步。動作同左勢，唯左右相反。（圖165、166）

【要點】

1.推掌時要沉肩垂肘，坐腕舒掌。

2.前手推出時身體不可前俯後仰，要鬆腰、鬆胯。

31.上步擒打

（1）重心後移，右腳尖翹起並外展；左掌翻向上並微向後收，右掌屈肘從左前臂上向前穿出，掌心斜向外。眼看前方。（圖167）

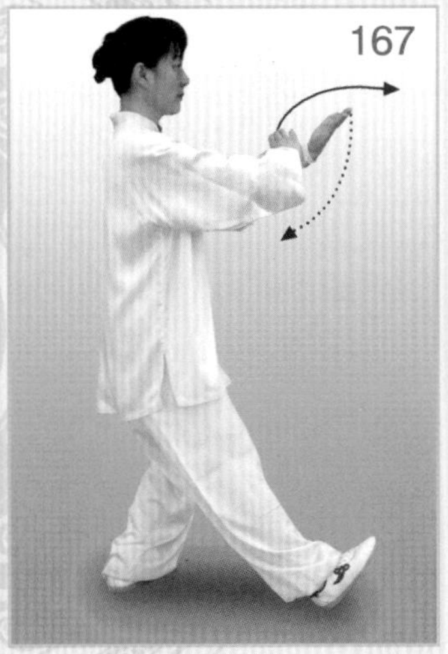

（2）右腳落實，重心前移，身體右轉；右掌自左向前、向右抹掌劃弧，左掌向右再向後劃弧，收於腹前。眼看右掌。（圖168）

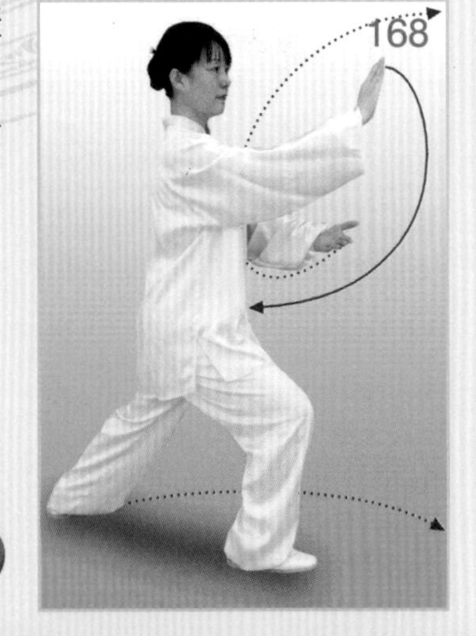

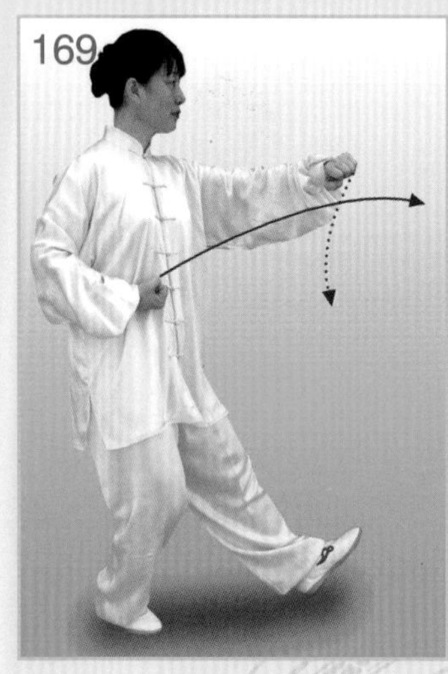
169

（3）左腳提起向前上一步；右掌向外劃弧，再握拳收於右腰間，拳心向上；左掌向左再向前劃弧，扣腕握拳停於體前，拳心向下，拳眼斜向內，高與肩平。眼看左拳。（圖169）

170

（4）左腳落實，重心前移成左弓步；右拳自腰間向前打出，拳眼向上，高與肩平；左拳微向後收於右腕下方，拳心向下。眼看右拳。（圖170）

【要點】

以腰為軸，穿掌外抹兩掌劃弧動作要連貫圓活。

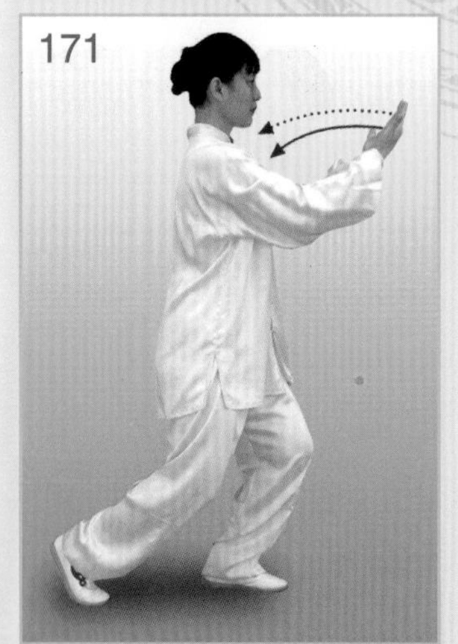
171

32.如封似閉

（1）右腳跟進半步，腳前掌著地；同時兩拳變掌，掌心斜向上。眼向前平視。（圖171）

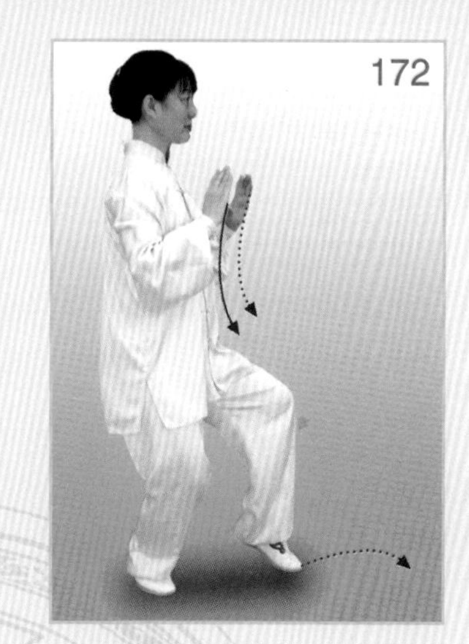

（2） 重心後移，右腳落實，左腳提起前上半步，左腿屈膝成左弓步；兩掌慢慢分開收至胸前（與兩肩同寬），同時兩前臂邊收邊內旋，手心翻轉，兩掌下落經腹前再向前按出，掌心向前，腕高與肩平。眼向前看。（圖172～174）

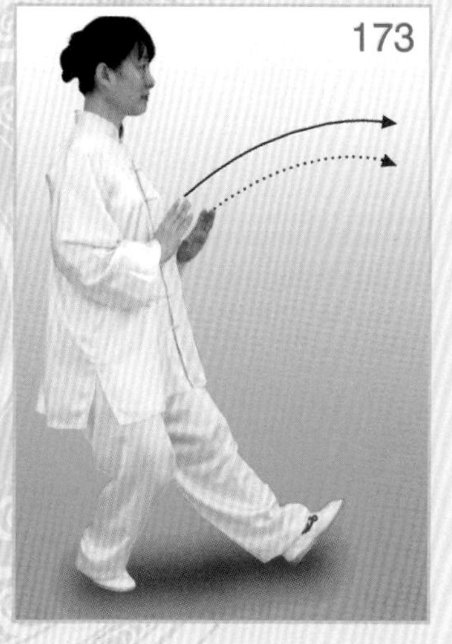

【要點】

1.身體後坐時，上體不可後仰，臀部不要外凸。

2.兩臂隨身體後坐回收時，肩、肘部略向外鬆開。

3.兩手按出寬度不要超過兩肩。

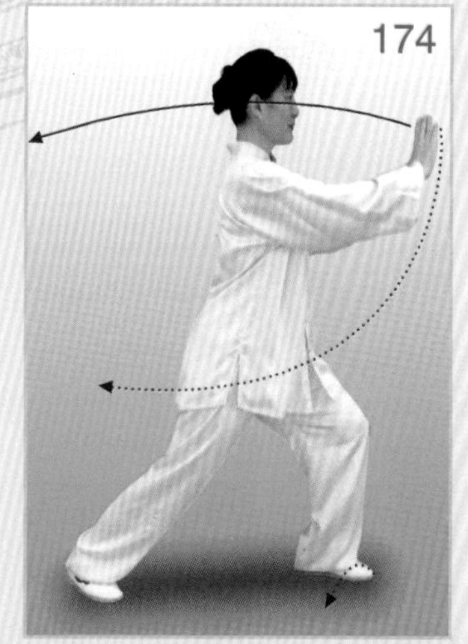

175

33.左雲手（三）

（1） 重心後移，左腳尖內扣，上體右轉；右掌自左向右經面前劃立圓，掌心向外；左掌自左經腹前向右劃立圓，掌心由外轉向內。上體及視線隨右掌轉動。（圖175）

176

（2） 上體左轉，重心移至左腿，右腳收於左腳內側落地，兩腳相距10～20公分，腳尖皆向前；同時左掌掌心向內，自右經面前向左立圓雲轉，至身體左側時翻掌向外；右掌自右經腹前向左立圓雲轉，掌心由外轉向內。上體及視線均隨左掌轉動。（圖176、177）

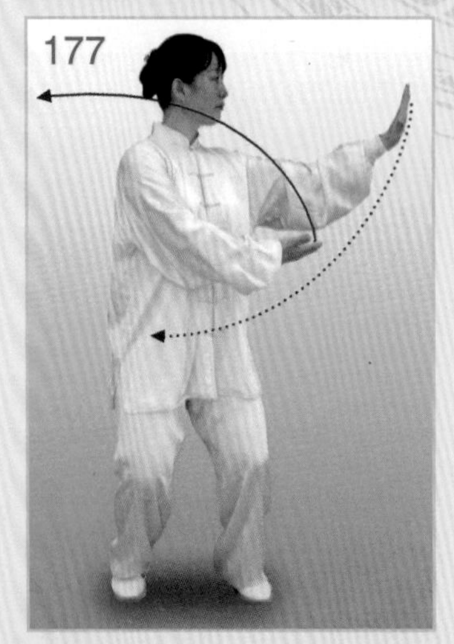

177

（3） 上體右轉，重心移向右腿，左腳向左側跨出一步，腳尖仍向前；右掌經面前向右立圓雲轉，左掌經腹前向右立圓雲轉。雲至身體右側時，兩掌逐漸翻轉。上體及視線隨右掌轉動。（圖178、179）

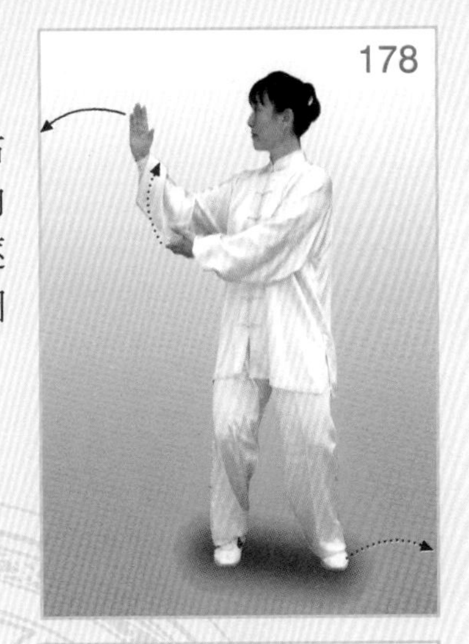
178

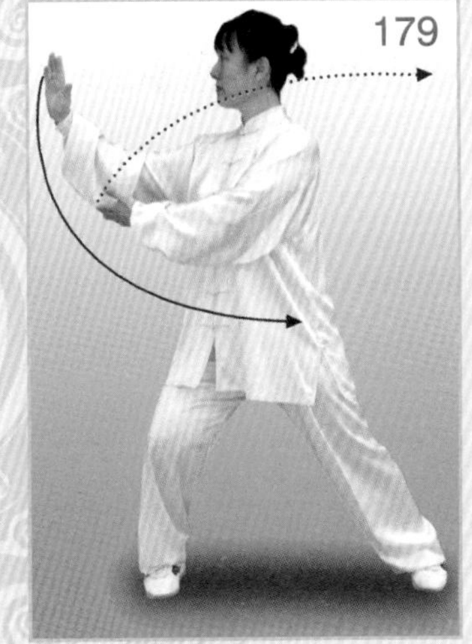
179

（4） 上體左轉，重心移至左腿，右腿收於左腳內側（兩腳相距10～20公分），腳尖皆向前；同時左掌經面前向左立圓雲轉；右掌經腹前向左立圓雲轉。雲至身體左側時，左掌心轉向外，右掌心轉向內。上體及視線均隨左掌轉動。（圖180、181）

180

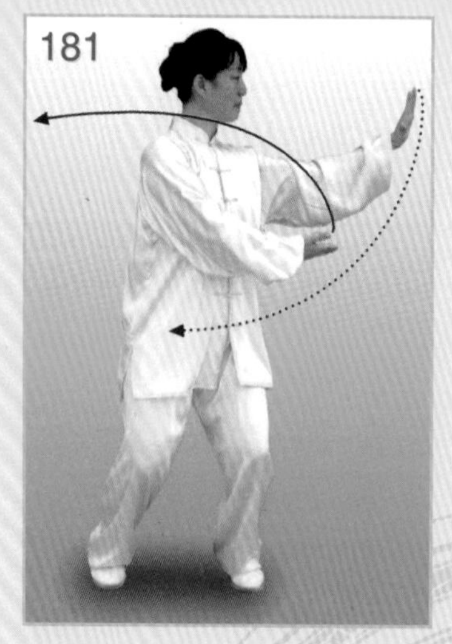

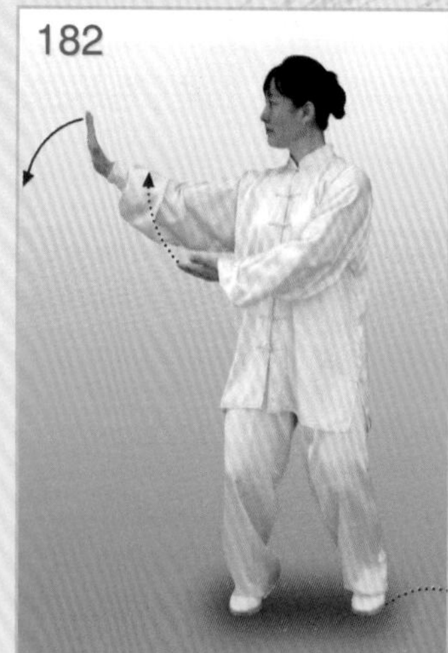

（5） 上述動作再重複一次，唯最後併右腿時，右腳內扣約45°。（圖182～185）

【要點】

同右雲手，唯行進方向向左。第三次收右步時，注意內扣右腳，以便於轉接下個動作。

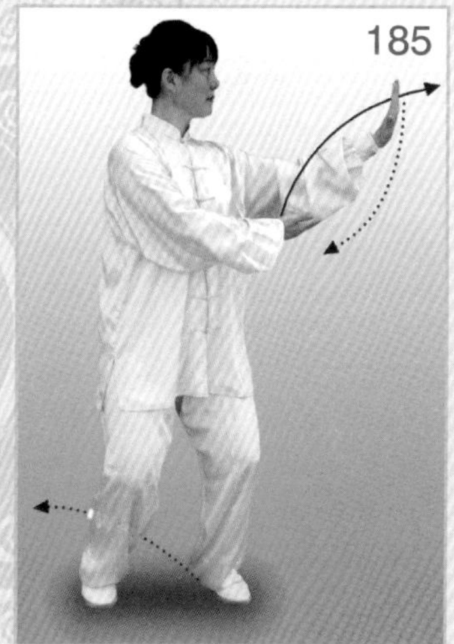

34.右撇身捶

（1） 重心右移，左腳向身後（西北）撤一步，右腳弓屈成右弓步；左掌翻轉，掌心朝上，向體前劃弧回收於腹前；右掌掌心翻轉朝前下，經左前臂上方向前伸探，停於體前，高與肩平。眼看右掌。（圖186）

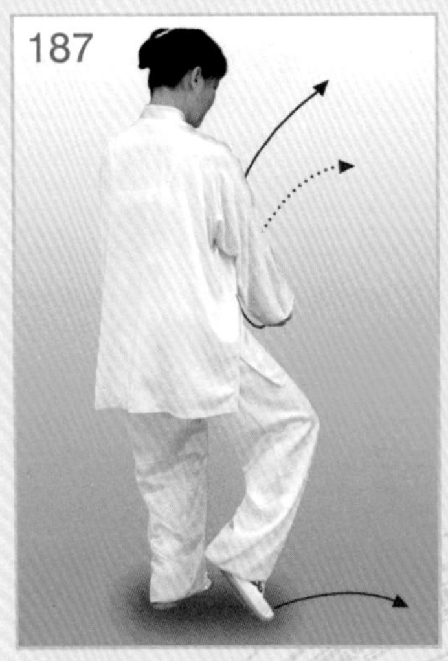

（2） 重心後移於左腿，右腳收至左腳內側，腳尖點地，上體左轉；右掌下落變拳收到小腹前，拳心向內，拳眼向左；左掌向左、向上再向體前劃弧，翻掌向下附在右前臂內側。頭隨身轉，目視前方。（圖187）

（3） 身體微右轉，右腳仍向原地（東南）邁出，重心前移，右腿屈膝，左腿伸直，成右弓步；右掌上提經左胸前向前向上撇出，拳心斜向上，高與頭平；左掌附於右前臂內側一齊向前撇出。眼看右拳。（圖188）

【要點】

方向為東南。步型成右弓步，兩腿不要歪擰、交錯。其他參考左撇身捶。

35.左右穿梭

（1） 重心後移，右腳尖翹起內扣，上體稍左轉；左掌自右前臂上穿出，掌心斜向下；右掌同時變掌，微向後收，掌心斜向上。（圖189）

（2） 上體再稍左轉，右腳落實，重心移於右腿；左掌向左前方抹撐，右掌收於左肘內側下方，兩掌心斜相對。眼看左掌。（圖190）

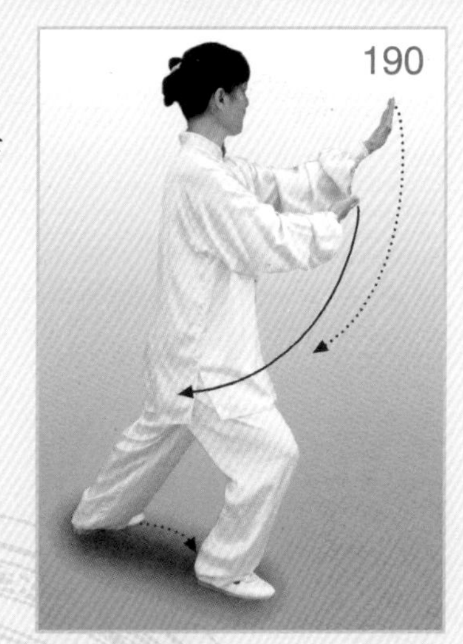

（3） 上體右轉；兩掌自前向下捋回，右掌捋至右胯旁，掌心向上，左掌捋至腹前，掌心斜向下；同時左腳收至右腳內側。眼看右前方。（圖191）

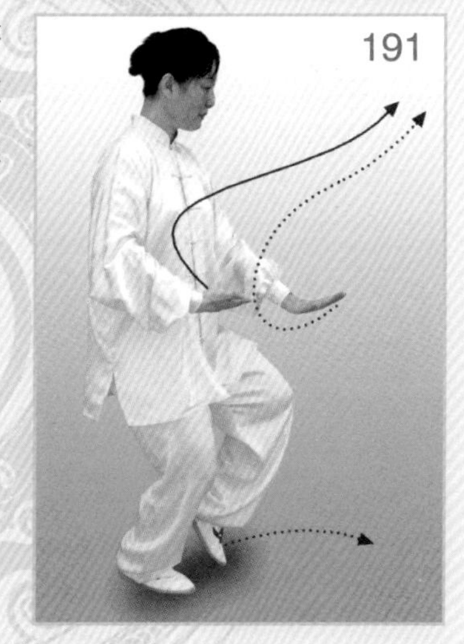

（4） 左腳向左前方（東北）邁出一步，重心前移成左弓步；左前臂外旋，右前臂內旋，兩掌上提至胸前，右掌指輕附於左腕內側，隨重心前移自右向前劃平圓，左掌心斜向上，右掌心斜向下，高與肩平。眼看左掌。（圖192）

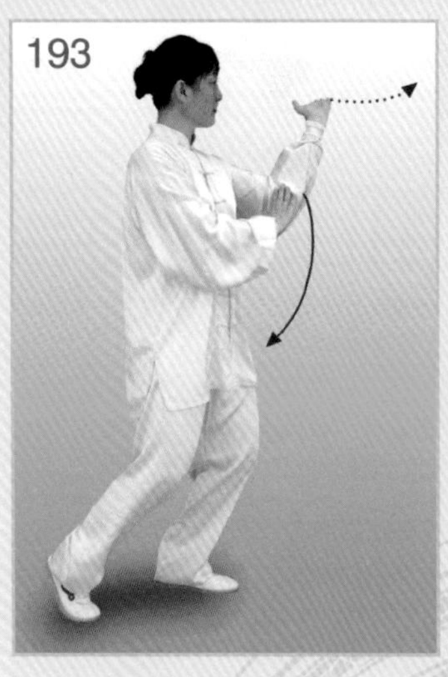

（5） 上體左轉；左臂屈肘，左掌向左、向後劃平圓，掌心斜向上；右掌仍附於左腕內側；右腳同時向前跟進半步，腳前掌著地。眼看左掌。（圖193）

（6） 右腳落實，重心後移於右腿，左腳提起，上體右轉；右掌自左前臂內側收於胸前；左前臂內旋，左掌翻轉，掌心斜向前。眼看右前方。（圖194）

（7） 左腳向前（東北）邁出一步，左腿屈膝成左弓步（兩腳橫向距離約30公分），上體左轉；左掌上架於左額前上方，掌心斜向上；右掌向前推出，掌心朝前，高與鼻平。眼看右掌。（圖195）

（8）重心後移，左腳尖翹起內扣，上體右轉；左臂外旋使手心斜向上，落於體前，右掌稍回收再從左前臂穿出。（圖196）

（9）左腳落實，重心前移於左腿，上體稍右轉；右掌向右前方抹掌，左掌收於右肘內側下方，兩掌心斜相對。眼看右掌。（圖197）

（10）上體左轉；兩掌自前向下捋回，左掌捋至左胯旁，掌心向上，右掌捋至腹前，掌心斜向下；同時右腳收於左腳內側。眼看左前方。（圖198）

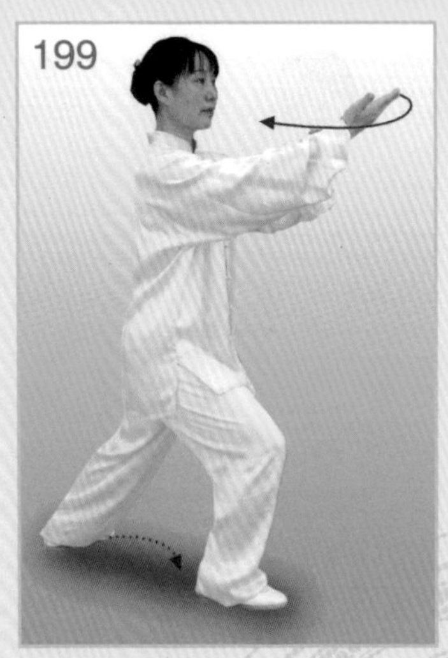

（11） 右腳向右前方（東南）邁出一步，重心前移成右弓步；兩前臂旋轉，兩掌向上收至胸前，左掌指輕附於右腕內側，隨重心前移自左向前劃平圓，右掌心斜向上，左掌心斜向下，高與肩平。眼看右掌。（圖199）

（12） 上體右轉，左腳向前跟進半步，腳前掌著地；右臂屈肘向右、向後劃平圓；左掌仍附於右腕內側。眼看右掌。（圖200）

（13） 左腳落實，重心移至左腿，右腳微提，上體左轉；左掌收於胸前，右前臂內旋，右掌心斜向前。眼看右前方。（圖201）

（14） 右腳向前（東南）邁出一步，右腿屈膝成右弓步（兩腳橫向距離約30公分），上體右轉；右掌上架於右額前上方，掌心斜向上；左掌向前推出，高與鼻平，掌心向前。眼看左掌。（圖202）

【要點】

1.前推、上架和弓步動作配合要一致。

2.上體中正，鬆腰、鬆胯。

3.完成弓步時，前後兩腳跟的橫向距離保持約30公分。

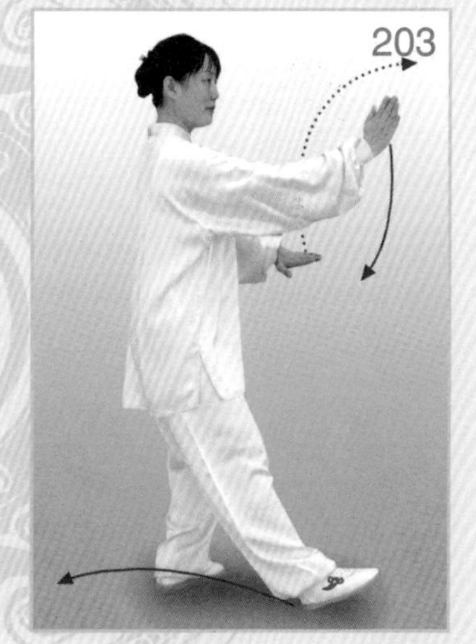

36.退步穿掌

（1） 重心後移至左腿，右腳尖翹起，上體左轉；左掌向左、向後劃弧至左腰側，掌心向下；右前臂向外旋，右掌落於體前，掌心斜向左上。眼看右掌。（圖203）

（2） 右腳提起經左腳內側向後（正西）撤步，左腿屈膝成左弓步；右掌下按，落於左肘下方；左掌掌心翻轉向上捲收至腰間，再經右前臂上向前上方穿出，高與眼平。眼看左掌。（圖204）。

【要點】

1.退步要穩，收腳要輕，防止起伏。

2.弓步、穿掌上下動作要連貫協調。

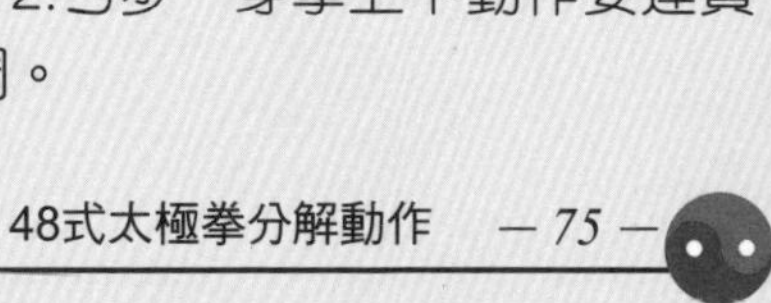

第六段

37.虛步壓掌

（1） 重心後移，左腳內扣，上體右後轉；同時右掌收至腹前，左掌舉於左額上方。眼向前平視。（圖205）

（2） 重心後移至左腿，右腳提起，腳尖轉朝前成右虛步；上體向下鬆沉，微向前俯；左掌自上而下橫按於右膝上方，掌心向下，拇指向內；右掌按於右胯旁，掌指向前。眼看前下方。（圖206）

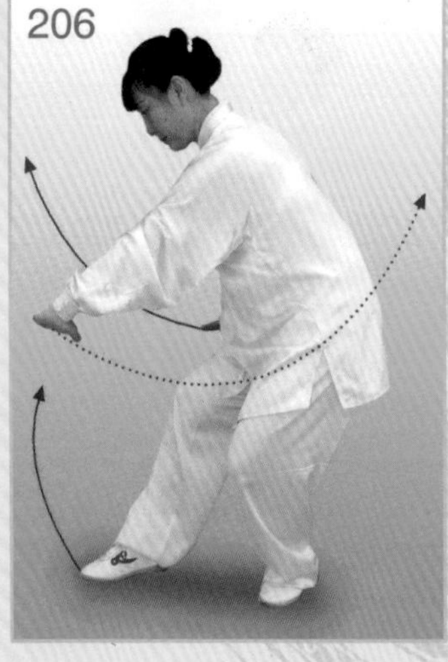

【要點】

1.虛步時，右腿膝微屈，鬆腰、鬆胯。

2.壓掌時，不要低頭和臀部後凸。

38.獨立托掌

左腳蹬地、左腿微屈站穩，右腿屈膝提起，腳尖自然下垂，成左獨立步；同時上體左轉，右掌翻轉上托，舉於體前，掌心向上，腕高與胸平；左掌向左、向上劃弧，撐於體側，高與胸平，掌心向外，掌指斜向前上。眼看前掌。（圖207）

【要點】

1.提膝托掌，上體要正直。

2.左腿微屈，提膝，腳尖自然下垂。

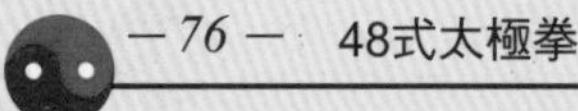

39.馬步靠

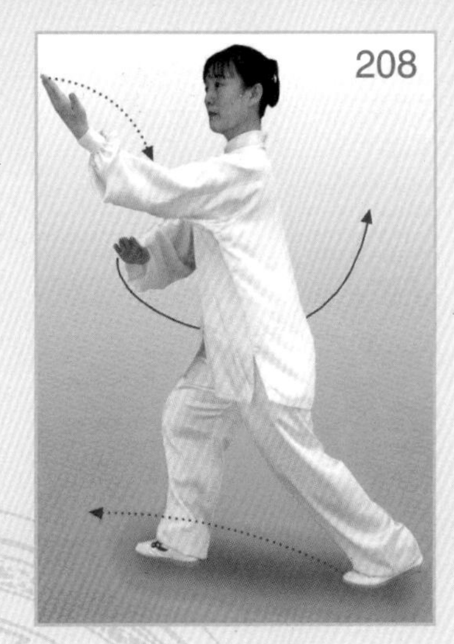

（1） 右腳在體前橫落，重心移於右腿，上體右轉；右臂內旋，右掌向下、向右劃弧；左臂外旋，左掌向上、向右劃弧。眼平視。（圖208）

（2） 左腳收於右腳內側；右掌翻轉向上，並側舉至右耳側；左掌變拳，落於胸前，拳心向下。眼看前方。（圖209）

（3） 左腳向左前方（西南）上步，重心略向前移成半馬步（身體重心偏於右腿），上體稍左轉；左前臂下落經腹前向前靠出，左臂微屈停於身體左側，左拳拳眼向內，拳面向下停於左膝上方；右掌落於左肘內側，掌心向前，推助左臂向前靠出（此動作也可採取短促發力練法）。眼看左前方（西南）。（圖210）

【要點】

1.偏馬步時，重心稍偏於後腿。

2.採用發力練法時，以腰腿發力，動作要圓活，周身要完整。

40.轉身大捋

（1） 重心後移，上體微右轉，左腳尖外展；左拳變掌，兩掌掌心同時轉向右並微向後收。眼看前方。（圖211）

（2） 上體左轉，左腳落實，重心前移，右腳向前收於左腳內側（兩腳平行，相距約10公分），身體稍向上站起，重心仍在左腿；兩掌同時向上提舉，高與肩平，右掌舉於身體右側，掌心向上，左掌屈肘提至體前，掌心向外。眼看右掌。（圖212、213）

（3） 右腳前掌為軸，腳跟外展，屈膝下蹲，身體重心移向右腿，上體左轉，左腳向後（西北）撤步；兩掌隨體轉向左平捋至體前，右掌伸向東南，高與肩平，左掌停於右肘內側，兩掌心斜相對。眼看右掌。（圖214、215）

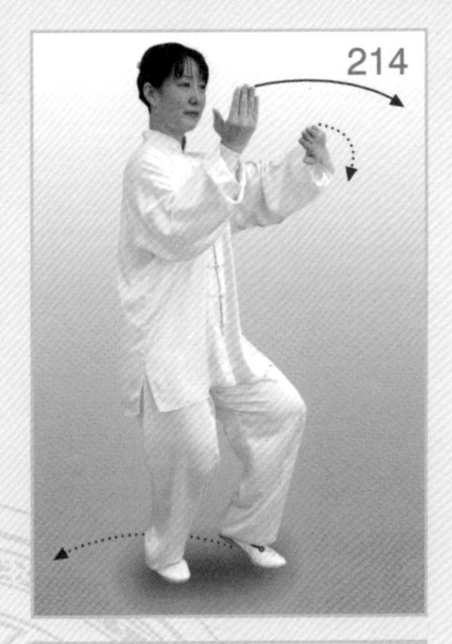
214

215

（4） 上體繼續左轉，重心移向左腿，右腳跟外展成橫襠步；兩掌隨轉體向左平捋，同時逐漸握拳，然後鬆腰、沉肩，左前臂外旋，左拳收於左腰間，拳心向上，右前臂外旋滾肘下沉，右拳高與胸齊，停於體前，右臂半屈成弧形，拳心斜向內。眼看右拳。（圖216、216附）

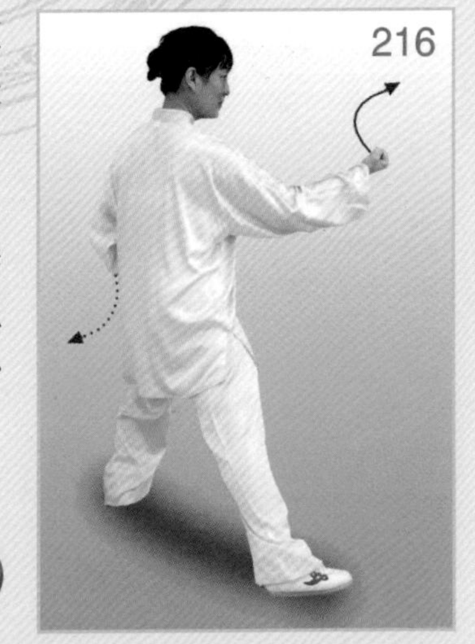
216

216附

【要點】

1.以腰為軸，轉體，撤步、平捋動作銜接要連貫。

2.兩臂平捋時要逐漸握拳，沉肩、垂肘。

3.防止身體前傾、低頭、突臀。

217

41.撩掌下勢

（1） 上體右轉，重心移向右腿；右臂屈肘向上劃弧，右拳停於右額前，拳心向外；左拳自腰間向身後穿出，拳心向後。眼看前方。（圖217）

218

（2） 左腳尖外展，右腳尖內扣，重心左移，上體左轉；左拳翻轉變掌，自左向體前劃弧，掌心斜向下；右拳變掌向後、向下劃弧，掌心由後漸轉向前。頭隨體轉，眼看前方。（圖218）

（3）右腳進半步停在左腳側後方，腳前掌點地成丁步；右掌經右胯外側向前下方撩出，掌心斜向前，高與小腹平；左掌掌指輕附於右前臂內側，掌心斜向下，拇指向內。面向西北，眼看前下方。（圖219、219附）

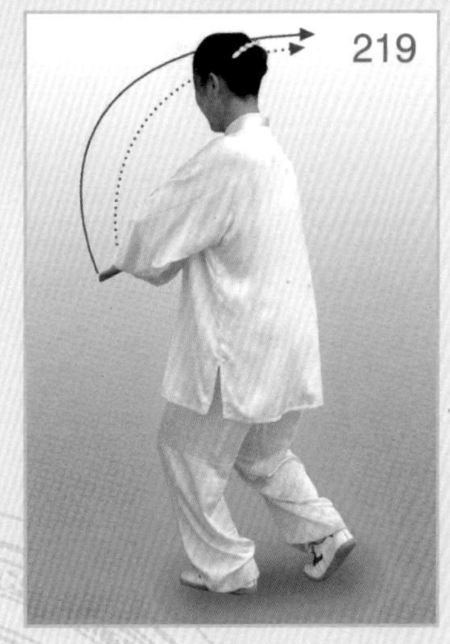
219

219附

（4）右腳落實，上體右轉，重心移於右腿，左腳輕輕提起；右掌向上、向右劃弧至身體右前方變成勾手，左掌仍附於右前臂內側並隨之轉動，然後收於右肘彎處，掌心向內。眼看右勾手。（圖220、221）

220

（5） 左腿向左側方（正西偏南）仆出，右腿屈蹲成左仆步，上體左轉；左掌下落經腹前順左腿內側向前穿出，掌心向右。眼看左掌。（圖222、223）

【要點】

1.撩掌時身體要平穩移動，忽起、忽伏。

2.下勢時先出左腿，右腿再全蹲，（老年人可以半蹲）

3.上體不可過於前俯、低頭、弓腰。

42.上步七星

（1） 重心前移，上體左轉，左腳尖外展，右腳尖內扣，右腿自然蹬直，左腿屈弓；左掌向上、向前挑起，高與肩平；右臂內旋下落，勾尖向上，停於身後。眼看左掌。（圖224）

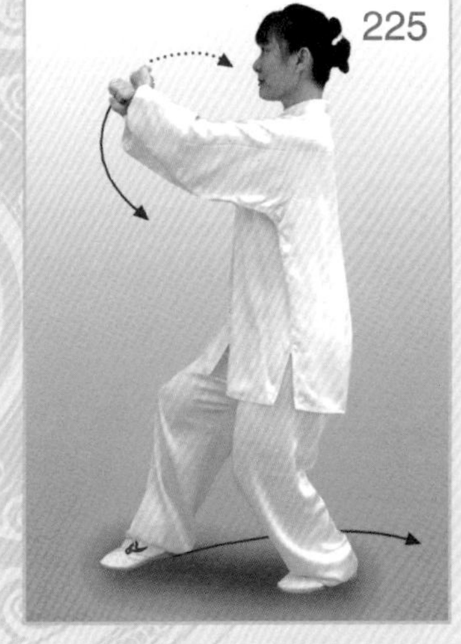

（2） 右腳前上一步，腳前掌落地成右虛步；左掌變拳微向內收，拳心向內，右勾手變拳自後向前、向上架起，拳心向外，兩腕相交成十字拳（右拳在外），高與肩平，兩臂撐圓。眼看左拳。（圖225）

【要點】

1.起身時提腳、上步要輕、穩，上體保持中正。

2.兩臂要撐圓、沉肩、垂肘、胸部要放鬆。

43.獨立跨虎

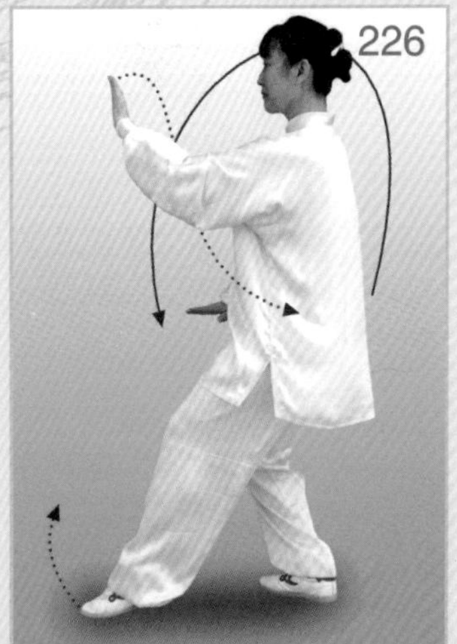

（1） 右腳向右後撤一步，重心後移，上體右轉；右拳變掌向下、向右劃弧，停於右胯外側，掌心向下；左拳同時變掌隨身體右轉稍向右劃弧。（圖226）

（2） 左腳提起微向右移動成左虛步，上體左轉；左掌向下經腹前再向左劃弧按於左胯旁；右掌向上劃弧經頭前再向下劃弧，落於左腿側上方，掌心向上。頭隨身體轉動，眼向前平視。（圖227）

（3） 右腿蹬地獨立，微屈站穩，左腿提起，膝部微屈，腳面展平，舉於體前；右掌向前、向上挑掌，掌心側向左，腕部高與肩平；左掌變勾手同時上提，舉於左後方，高與肩平。上體左擰，眼看左前方（西南）。（圖228）

【要點】

1.左腿抬起與上挑掌動作協調連貫。（腿的高度因人而異）

2.上體保持自然舒展，不可挺胸、兩臂不可伸直。

44.轉身擺蓮

（1） 上體右轉，左腳在右腳外側扣腳落下；左勾手變掌，手心轉向上，自左後向前劃弧平擺，高與肩平，右掌翻轉向下、向右、向後屈肘平帶。眼平看前方。（圖229）

（2）兩腳前掌為軸，向右後轉體；左掌稍內收，右掌翻轉經胸前向左肘下方穿出，兩掌掌心皆朝上。頭隨體轉，平看前方。（圖230）

（3）身體繼續右轉至面向正南；右掌自左肘下穿出後向上、向右劃弧，同時右前臂內旋，掌心轉向右，舉於體右側，高於肩平；左掌自右臂內側回收至右肩前，掌心亦轉向右。眼看右掌。（圖231）

（4）右腳提起向左、向上、向右作扇形外擺，腳面展平；同時兩掌自右向左擺掌，在體前先左後右拍擊右腳面。眼看兩掌。（圖232）

【要點】

1.落步、扣腳、轉身和移動重心，要靈活穩健。

2.擺蓮時右腿弧形上擺，上體可微向前迎，但不可緊張。

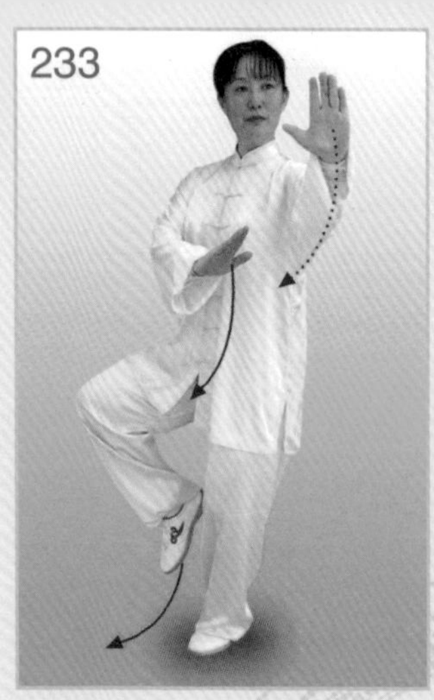

45.彎弓射虎

（1） 右小腿屈收，右腳提於身體右側，腳尖自然下垂，左腿微屈獨立，上體左轉；兩掌左擺，左掌擺至身體左側，右掌擺於左肩前，掌心皆向左，高與肩平。眼看左掌。（圖233）

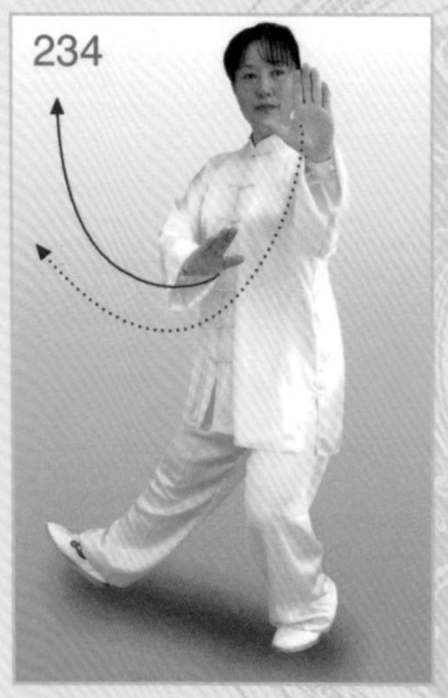

（2） 上體微右轉，右腳向右側（正西稍偏北）落下，兩掌下落。眼看前方。（圖234）

（3） 上體右轉，身體重心移於右腿成右弓步；兩掌同時向下、向右劃弧至身體右側時變拳，然後上體左轉，左拳經面前向左前方（西南）打出，拳心斜向前，拳眼斜向下，高與鼻平，右拳屈肘收於右額前，拳心向外，拳眼斜向下。眼看左拳。（圖235、236）

【要點】

1.兩掌向右擺動時，上體和頭部要隨著轉動。

2.完成姿勢後，兩臂要保持半圓形，沉肩、垂肘。

46.右搬攔捶

（1） 左腿屈膝，重心後移，右腳尖內扣，上體左轉；左拳變掌翻轉向上，經體前上落收至左腰間，右拳也變掌自左前臂上穿出，向右前方抹掌，掌心向前下。眼先看右掌，再隨轉體向前平視。（圖237、238）

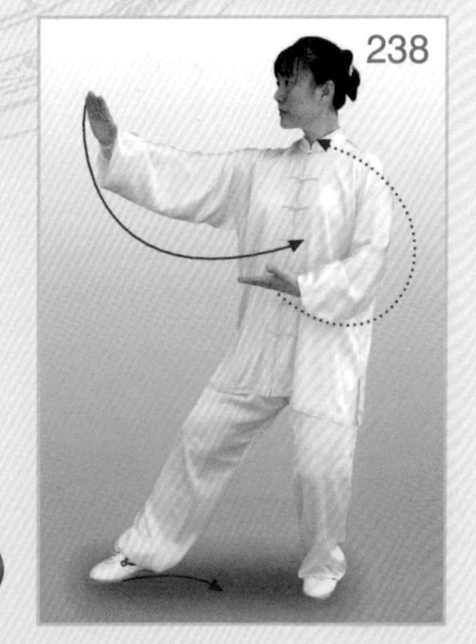

239

（2） 右腳收至左腳內側；左掌在體側劃弧屈收至胸前，掌心向下；右掌變拳向下、向左收至左肋前，拳心向下。眼看前方。（圖239）

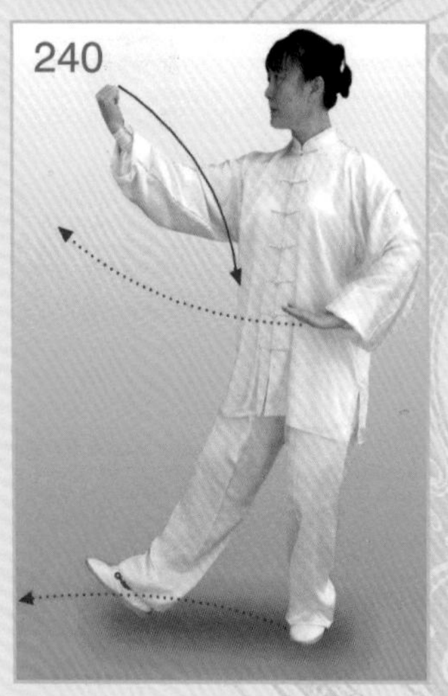
240

（3） 右腳向前墊步，腳跟著地，腳尖外撇，上體右轉；右拳向前（正西）翻轉搬出，高與胸平，拳心向上；左拳順勢按於左胯旁，掌指向前。眼看右拳。（圖240）

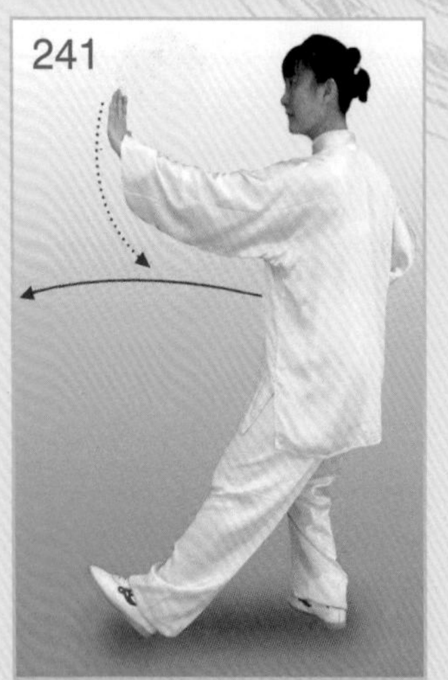
241

（4） 上體右轉，重心前移，左腳提收上步；右拳隨身體右轉向右劃弧，收於右腰間，拳心向上；左拳向左、向前劃弧攔出，掌心斜向下。眼看左掌。（圖241）

（5）重心前移，左腿前弓成左弓步，上體微左轉；右拳向前打出，拳眼朝上，高與胸平；左掌收於右前臂內側。眼看右拳。（圖242）

【要點】

收右腳時要先扣回腳尖，再輕輕收腳。必要時，左腳尖可適當外展，便於上體左轉。其他要點參看左搬攔捶。

47.右挪捋擠按

（1）重心後移，左腳尖翹起外展，上體左轉；左掌向下劃弧，掌心向上，右拳同時變掌前伸，掌心向下。眼看左前方。（圖243）

（2）重心前移，左腿屈膝，右腳收至左腳內側；同時右掌由前向下劃弧，左掌自下、向後再翻轉向上劃弧，兩掌在胸前「抱球」（右掌在下，兩掌心相對）。眼看左掌。（圖244）

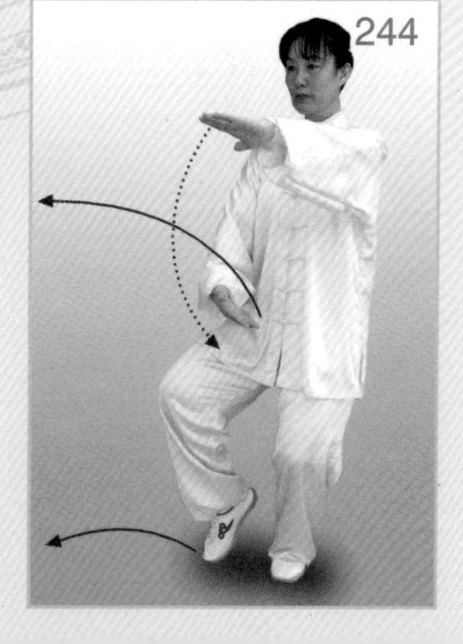

（3） 上體微向右轉，左腳向前方邁出一步，重心前移成右弓步；兩掌同時上下分開，右前臂向體前掤出，高與肩平，掌心向內，左掌落按於左胯旁。眼看右前臂。（圖245）

（4） 上體微向右轉，右手隨之前伸，右前臂內旋，掌心向下，左前臂外旋，左掌掌心向上，經腹前向上、向前劃弧，伸至右前臂下方。眼看右掌。（圖246）

（5） 上體左轉，兩手向下捋，經腹前再向左後上方劃弧並上舉至左掌心斜向上，腕高與肩平，右掌心斜向後，平屈胸前；同時重心後移至左腿，眼看左掌。（圖247）

（6） 上體右轉，重心前移成右弓步；左臂內旋屈肘，左掌掌指向前搭近右腕內側，掌心向前，雙手同時慢慢向前擠出，右掌心向內，兩臂保持半圓形。眼看右腕。（圖248）

（7） 左掌經右腕上伸出，隨即兩掌向左右分開，與肩同寬，掌心向下；上體慢慢後坐，身體重心移至左腿，右腳尖翹起；兩臂屈肘，兩掌收至胸前，掌心向前下。眼向前平視。（圖249）

（8） 右腳落實，右腿前弓成右弓步；兩掌落經腹前向前、向上按出，手腕高與肩平，掌心向前。眼向前平視。（圖250）

【要點】

同左掤捋擠按，唯左右相反。

48. 十字手

（1）上體左轉，重心左移，右腳尖內扣；左掌隨身體左轉經面前向左平擺，右掌同時向右側撐開，兩掌心均向前。眼看左掌。（圖251）

（2）左腳尖外展，繼續向左轉體，左腿屈膝，右腿自然蹬直；同時左掌隨轉體繼續向左平擺，與右掌對稱平舉在身體兩側，肘部略屈，兩掌心均向前。眼看左掌。（圖252）

（3）重心右移，左腳尖內扣，上體右轉；兩掌向下、向內劃弧，並在腹前使兩腕相交，兩掌合抱（左掌在外），上舉於胸前，掌心均向內。眼看前方。（圖253）

254

（4） 左腳內收成開立步，兩腳平行，與肩同寬，腳尖向前，然後兩腿慢慢直立，上體轉正；兩掌交叉合抱舉於體前，高與肩平，兩臂撐圓，左掌在外，成斜十字形。眼看前方。（圖254）

【要點】

1.兩掌分開和合抱時，上體不要前傾，要沉肩、垂肘。

2.完成十字手時，身體要自然中正，頭要微上頂，下頦稍後收。

收 勢

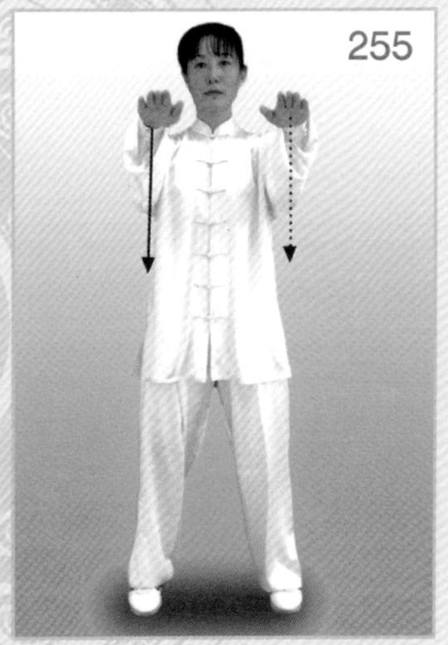
255

（1） 兩前臂同時內旋，兩掌分開，與肩同寬，掌心向下，徐徐下落。眼看前方。（圖255）

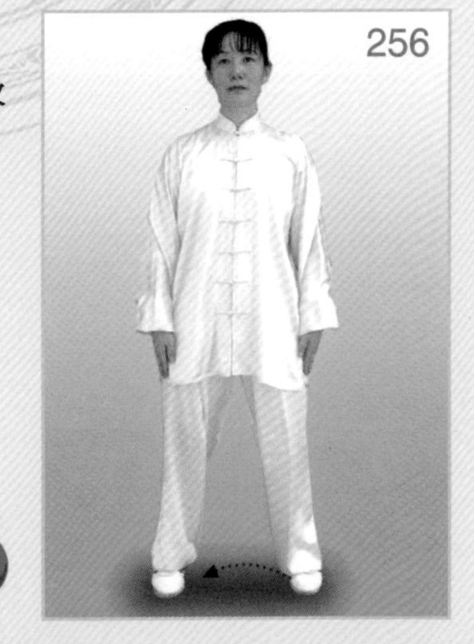
256

（2） 兩手慢慢下落至兩腿外側，上體正直，頭微上頂，鬆肩垂肘，呼吸自然，眼看前方。（圖256）

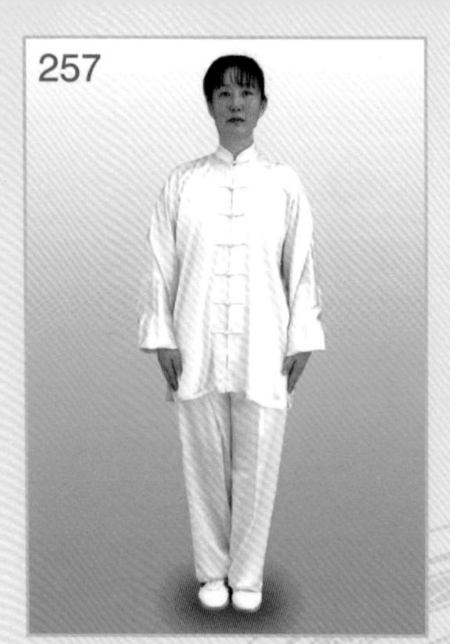

（3） 左腳收至右腳旁，兩腳併攏，腳尖仍向前，眼看前方。（圖257）

【要點】

動作要連貫、圓活、緩慢；最後成併步，自然站立時周身放鬆，貫徹始終。

起　勢
白鶴亮翅
左摟膝拗步
左單鞭
左琵琶勢
捋擠勢（三）

左搬攔捶
左掤捋擠按
斜身靠
肘底捶

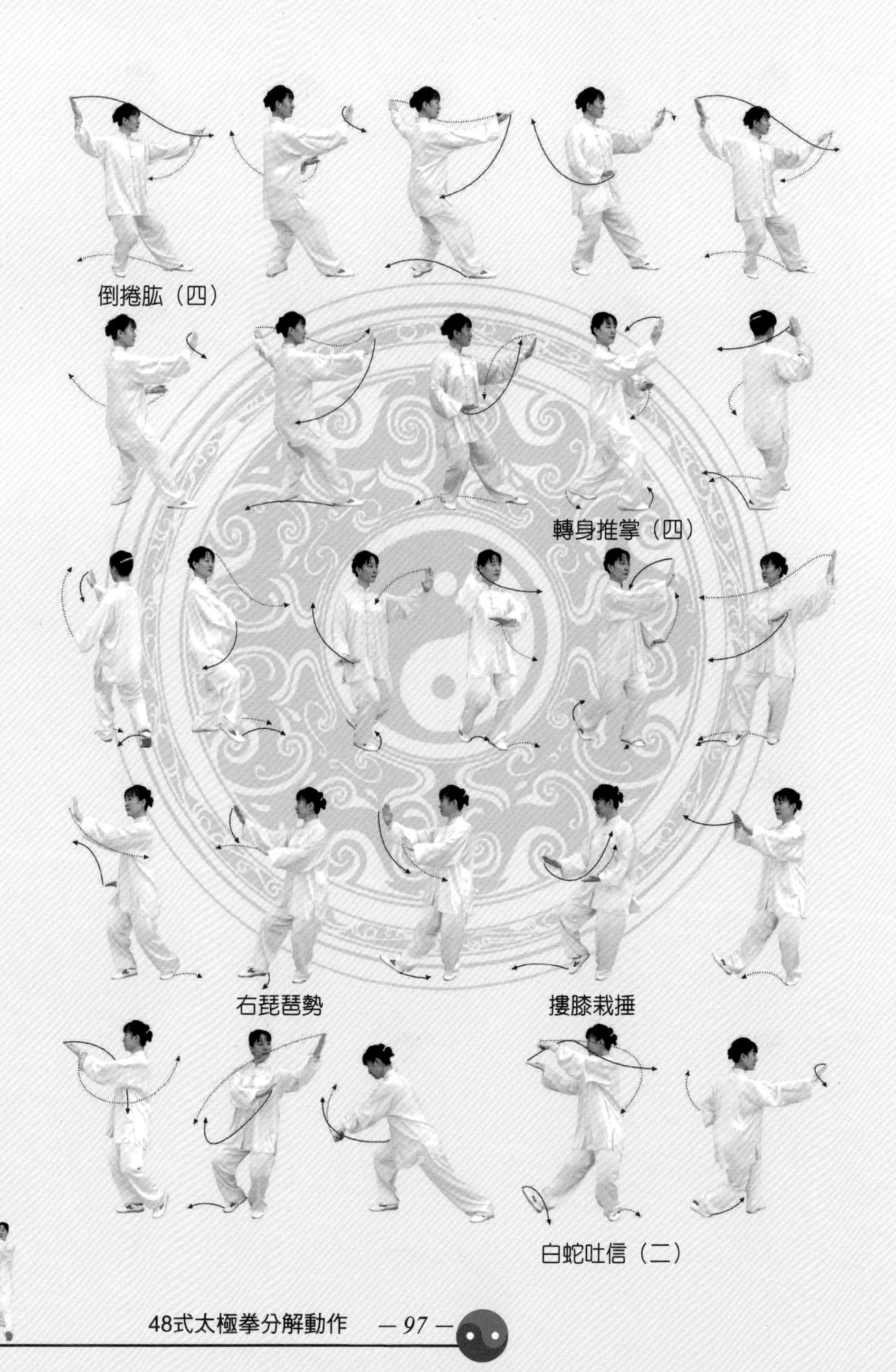
倒捲肱（四）
轉身推掌（四）
右琵琶勢
摟膝栽捶
白蛇吐信（二）

拍腳伏虎（二）
左撇身捶
穿掌下勢
獨立撐掌（二）

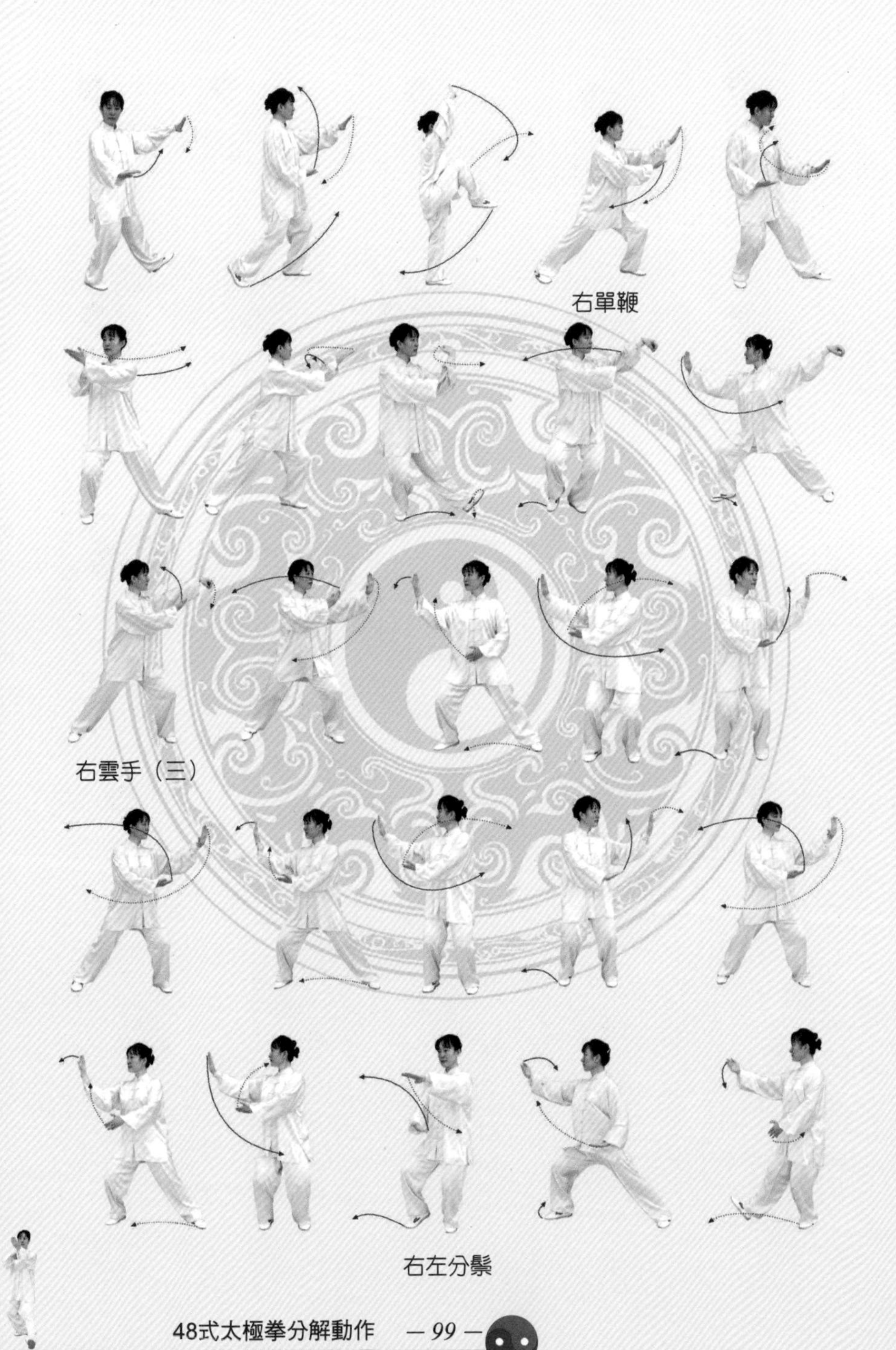
右單鞭
右雲手（三）
右左分鬃

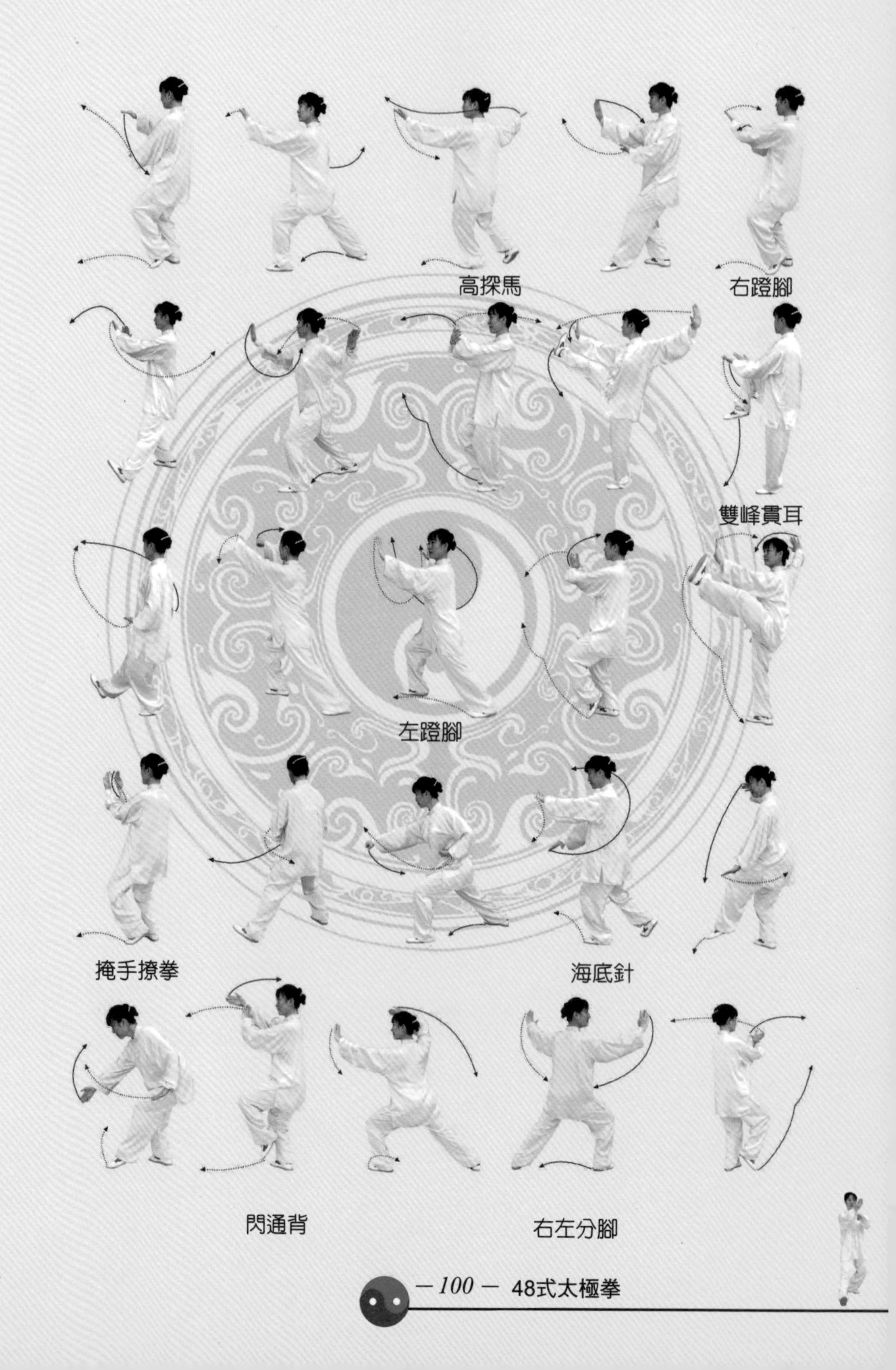
高探馬
右蹬腳
雙峰貫耳
左蹬腳
掩手撩拳
海底針
閃通背
右左分腳

摟膝拗步（二）
上步擒打
如封似閉
左雲手（三）

右撇身捶
左右穿梭
退步穿掌
虛步壓掌

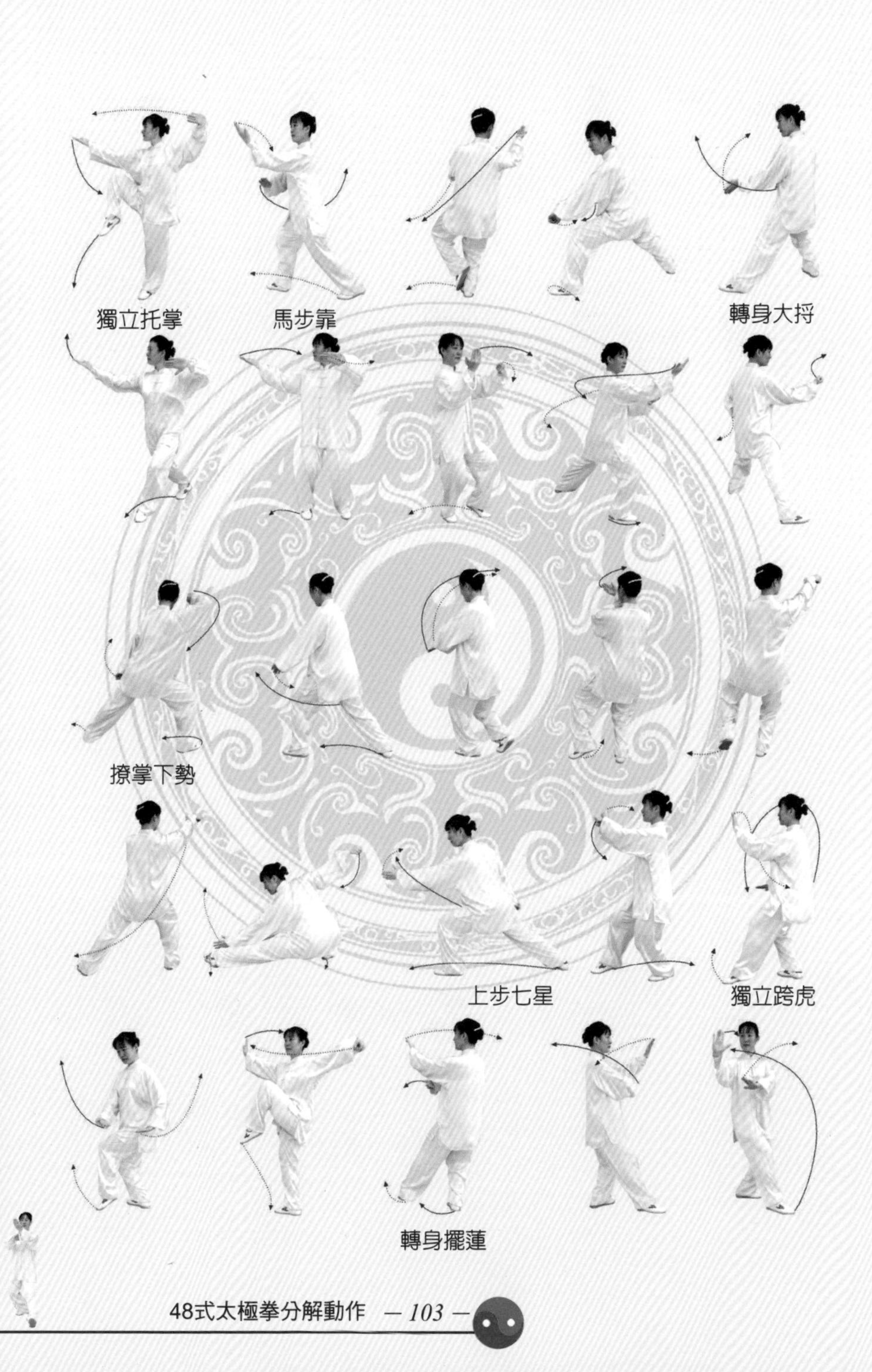
獨立托掌
馬步靠
轉身大捋
撩掌下勢
上步七星
獨立跨虎
轉身擺蓮

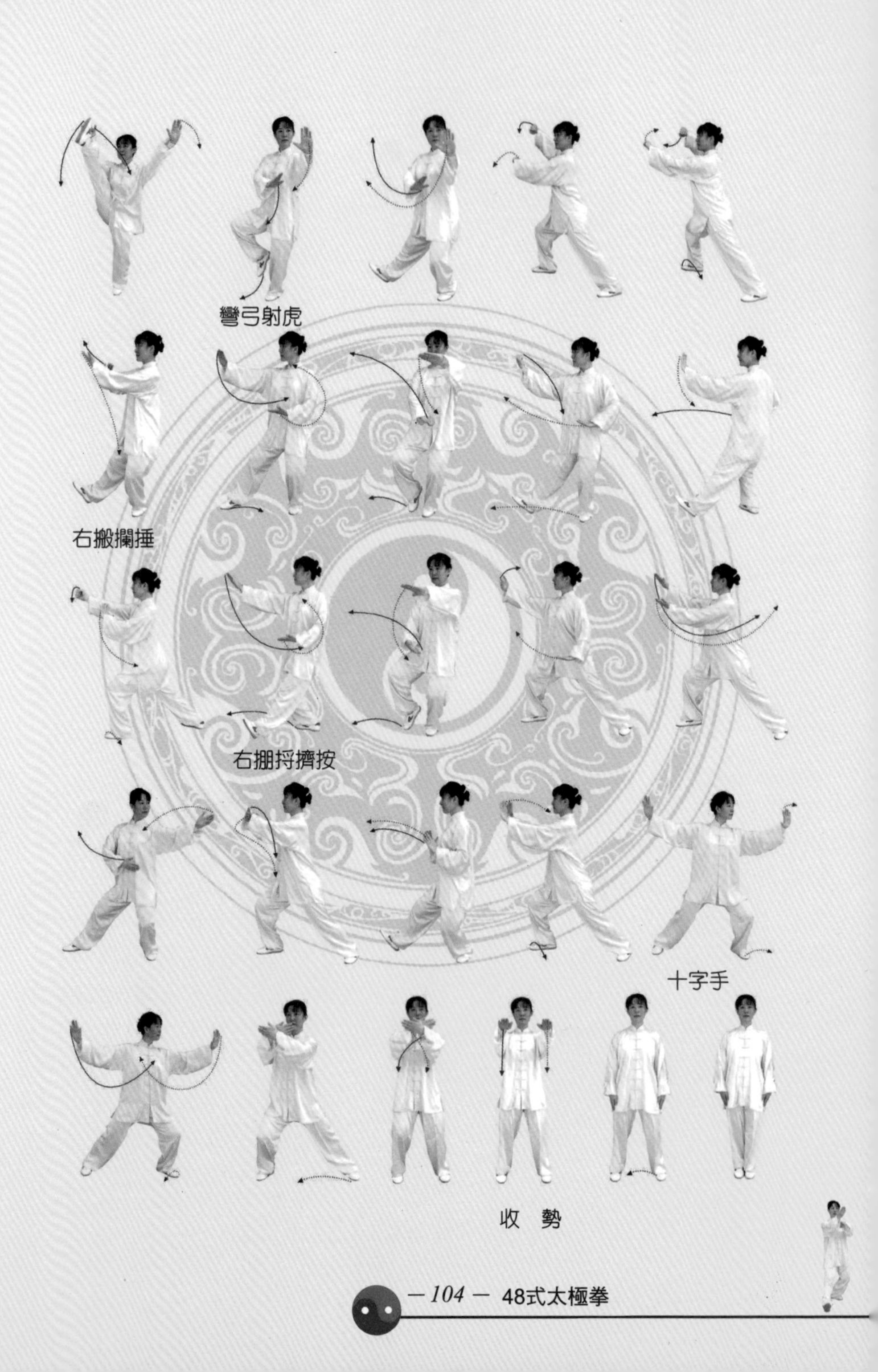
彎弓射虎
右搬攔捶
右掤捋擠按
十字手
收 勢